美肌検定®の教科書

美しい肌を手に入れるための 33 のレッスン

はじめに

　自分が楽しむメイクアップ、あらたまったシーンでのメイクアップ、どちらも素肌が美しいと、一層映えて輝きを増します。個性が輝く女優たちは顔の形やパーツ、その配置は皆それぞれ違いますが、そんな彼女たちに共通しているのも素肌の美しさです。

　肌は自分の分身であり、自分の心がけとケアしだいで美肌を手に入れることができ、メイクアップをさらに美しく演出してくれるのです。

　ところで、皆さんは自分の肌をじっくりと観察をしたことはありますか？　いつもやさしく、愛おしく思って自分の肌に触れていますか？

　肌は生きています。毎朝、毎晩、手で触れて鏡でよく観察すると、日々変化していることがわかります。それは、そのときの自分の

心や体の調子が、そのまま肌に表れているからです。肌は今の生きている自分の姿を映しているといっても過言ではないのです。

　美しい肌を保つには、自分の肌の変化を自覚し、最適なケア方法を知って、慈しむ気持ちで毎日欠かさず肌に触れることが大切です。

　また、他人や過去の自分との比較でなく、もっとキレイになりたいというポジティブな気持ちでいることで、今のあなたの輝く美肌を引き出すことができるのです。

　本書では、そんな美肌を引き出すための知識を皆さんにわかりやすく解説していきます。そして、本書を読んで美肌の知識をマスターしたら、ぜひ『美肌検定®』にチャレンジしてください。

Contents

はじめに —————————————————————— 2

Chapter 1 美肌とは？

Lesson 01	美肌に見せる6つの条件 —————————————	8
Lesson 02	自分の美肌度をチェックしてみよう！ —————	9
Lesson 03	美肌維持に必要な4つのこと —————————	13

Chapter 2 正しい美肌ケアの基本の「キ」

Lesson 04	美肌ケアの基本「落とす」「与える」「巡らせる」「守る」 —	16
Lesson 05	美肌を保つ適度な運動 ————————————	17
Lesson 06	美肌に効果的な食べ物の摂り方を知る —————	18
Lesson 07	エイジングを減速！ 抗酸化作用のある食べ物 ——	22
Lesson 08	積極的に摂りたい！ 話題の酵素を含む食べ物 ——	24

Chapter 3 皮膚のしくみと働きを知ろう

Lesson 09	美肌をつくる皮膚の構造と働きを学ぶ —————	26
Lesson 10	肌タイプは4つに分けられる！ —————————	28
Lesson 11	美肌維持の要、表皮と真皮の機能 ———————	30
Lesson 12	加齢による2つの見た目の変化 —————————	32
Lesson 13	年代別お手入れ方法をチェック！ ———————	34
Column	男性の肌のお手入れ方法って？ ————————	38

Chapter 4 美肌とかかわりの深い4大ホルモン

Lesson 14 細胞の再生修復を担う、若返りホルモンって？ — 40
Lesson 15 体内時計を調整する、幸せホルモンと睡眠ホルモン — 41
Lesson 16 女性の肌と切っても切れない、女性ホルモンのこと — 42
Lesson 17 生理周期に合わせたお手入れで美肌をコントロール — 44
Column 美肌をつくる質のいい睡眠のとり方 — 46

Chapter 5 美肌を邪魔する4つの大敵

Lesson 18 大敵 その① 体調不良 — 48
Lesson 19 大敵 その② 活性酸素を発生させる紫外線とストレス — 49
Lesson 20 大敵 その③ 女性ホルモンの低下 — 54
Lesson 21 大敵 その④ 温度と湿度の変化 — 56

Chapter 6 日々のお手入れに欠かせない化粧品のこと

Lesson 22 美肌の第一歩、クレンジングと洗顔 — 62
Lesson 23 美肌を育む、与えるスキンケア — 65
Lesson 24 意外と知らない、化粧品のキホンの使い方と選び方 — 66
Lesson 25 スキンケア化粧品の原料とその役割を知る — 68
Lesson 26 自分の肌に合う化粧品を見つける — 74
Lesson 27 化粧品を定義する薬機法って？ — 76
Column 疲れがとれないときは自分へのごほうびを — 78

Chapter 7 肌を巡らせるフェイシャルマッサージ

Lesson 28 フェイシャルマッサージの効果って？ — 80
Lesson 29 美肌維持のカギをにぎる表情筋 — 81
Lesson 30 実践！ フェイシャルマッサージ — 82

Chapter 8 ボディのセルフケア

Lesson 31 自分でできる簡単ボディマッサージ — 86
Lesson 32 カサカサボディの乾燥対策 — 89
Lesson 33 年齢が出やすいハンド＆ネイルのお手入れ — 92

Exercise 美肌検定® 試験例題100 — 96
　解答用紙 — 122
　解答 — 123

索引 — 124
美肌検定® について — 127

Chapter

1

美肌とは？

Lesson 01 | 美肌に見せる6つの条件

　誰もが憧れる、若々しく健康的な好印象の美肌とは、どういう肌をいうのでしょうか？　年代、肌タイプによって理想の美肌イメージは違うかもしれませんが、**美肌に見せるためには6つの見た目条件が備わっている必要があります。**

　① シミ、ソバカス、色むらのない均一な肌色
　② しわ、たるみのない、はりと弾力に満ちた肌
　③ きめがふっくらして整っている肌
　④ くすみがなく透明感あふれる肌
　⑤ 生き生きとした血色感のある肌
　⑥ ざらつきのない、つるりとしたなめらかな肌

　皆さんの肌は、6つの条件それぞれがどれぐらい満たされていますか？
　これらの6つの条件を高いレベルで満たすことで、肌をより美しく見せることができ、ひとつ欠けても、その美しさは損なわれてしまいます。日々のお手入れはこれらの条件を意識して行いましょう。

Lesson 02 | 自分の美肌度をチェックしてみよう！

　美肌とは何かを、さらに深く理解するために「美肌レベルチェック」で自分の美肌レベルを知りましょう。
　自分の美肌レベルを知ったら、理想の美肌になるために必要なお手入れの確認を！

美肌レベルチェック

　早速、自分の肌悩みにチェックを入れて、その個数から自分の美肌レベルを確認してみましょう！

- ☐ 肌色に色むらがある
- ☐ シミ・ソバカスがある
- ☐ くまができる
- ☐ 乾燥している
- ☐ くすんでいる
- ☐ 肌がざらつく
- ☐ つやがない

- ☐ きめが乱れている
- ☐ 敏感に傾きやすい
- ☐ 毛穴の開きが目立つ
- ☐ テカリやすい
- ☐ 毛穴の黒ずみが気になる
- ☐ ニキビができやすい
- ☐ 肌にはり・弾力がない
- ☐ ほうれい線が目立つ
- ☐ 目もとに小じわがある
- ☐ ニキビ痕が残りやすい
- ☐ たるみが気になる
- ☐ フェイスラインがぼんやりしている
- ☐ むくんでいる

合計　　　　　点

0個　──────　美肌レベル1
1〜5個　─────　美肌レベル2
6〜10個　────　美肌レベル3
11〜15個　───　美肌レベル4
16〜20個　───　美肌レベル5

　あなたの美肌レベルはいくつでしたか？　次に、**今のあなたの肌に必要なお手入れを確認して、あなたのこれからの美肌ケアの参考にしましょう。**

- ☐ **肌色に色むらがある** … 血行不良や色素沈着、赤みがあるので、保湿ケアで健やかな角質を育むケアが基本。UVカット化粧品で紫外線や大気汚染物質の刺激をカットすることも大切。
- ☐ **シミ・ソバカスがある** … UVカット化粧品で紫外線をカットし、メラニンの生成を抑え、排出を促す美白ケアを。
- ☐ **くまができる** … 血行不良の青いくまならマッサージやホットタオル、炭酸ケアなどで血行促進を。ただし、こすりすぎないこと。メラニンが原因の茶色いくまなら、保湿、美白ケアを。
- ☐ **乾燥している** … 日々のお手入れで十分な保湿を心がけ、週に一度はマッサージで巡りをよくして美肌に必要な栄養を行き渡らせるように。
- ☐ **くすんでいる** … たまった古い角質をやさしくオフして新陳代謝を整えながら保湿し、マッサージで血行促進を。
- ☐ **肌がざらつく** … 古い角質を穏やかに取り除いて保湿を。
- ☐ **つやがない** … しっかり保湿をして肌をなめらかに整え、はり・弾力を与えるエイジングケアを。
- ☐ **きめが乱れている** … 古い角質を穏やかに取り除き、しっかり水分を与えて保湿を。
- ☐ **敏感に傾きやすい** … バリア機能が低下しているので、しっかり保湿をして皮脂膜をつくる力を取り戻しましょう。
- ☐ **毛穴の開きが目立つ** … 収れん作用のある化粧品で肌を引き締め、うるおいを与えて毛穴のまわりをふっくらさせて。

- ☐ **テカリやすい** … 肌の水分と脂分のバランスを整えて、過剰に分泌される皮脂の量をコントロール。収れん作用のある化粧品で肌を引き締めて、皮脂を分泌する毛穴の開きを抑えて。
- ☐ **毛穴の黒ずみが気になる** … ディープクレンジングやピールオフタイプのパックで、毛穴に詰まった黒ずんだ酸化皮脂や古い角質をオフ。仕上げに、毛穴の皮脂が詰まらないよう肌を収れん作用のある化粧品で引き締めて。
- ☐ **ニキビができやすい** … ニキビができていないときはバリア機能を高めるために保湿を。できてしまったら、殺菌作用や消炎作用のある化粧品で清浄し、その後、保湿を。
- ☐ **肌にはり・弾力がない** … 保湿を心がけ、コラーゲンや抗酸化成分が配合された化粧品でお手入れを。
- ☐ **ほうれい線が目立つ** … マッサージを取り入れて、リフトアップ効果のある化粧品でお手入れを。
- ☐ **目もとに小じわがある** … 保湿を中心に、リンクルケアを。
- ☐ **ニキビ痕が残りやすい** … ニキビができたら炎症をできるだけ早く抑え、炎症が治まったら美白ケアを。
- ☐ **たるみが気になる** … リフトアップ効果のある化粧品とフェイスエクササイズを取り入れて。
- ☐ **フェイスラインがぼんやりしている** … マッサージを取り入れて、リフトアップ効果のある化粧品でお手入れを。
- ☐ **むくんでいる** … ホットタオルやツボ押しで、血行を促しましょう。

Lesson 03 | 美肌維持に必要な4つのこと

　手に入れた美肌は、スキンケアだけをしていても維持することはできません。バランスのとれた食事を摂り、質のいい睡眠、適度な運動をするといった健康的な生活習慣を継続することも、美肌にとってとても大切です。

　バランスのいい食事は、美肌をつくる素材となる栄養素を体内に摂り込みます。また、抗酸化成分を多く含む食品を摂ることで、肌老化の原因となる酸化を防ぐことが期待できます。

　睡眠中は成長ホルモンが分泌され、日中に肌が受けたダメージを修復します。そのため、深く質のいい睡眠をとることで成長ホルモンが十分に分泌され、ターンオーバーがスムーズに行われて美肌を維持することができるのです。

　ウォーキングなどの適度な運動は、全身の筋肉を動かすことでリンパの流れや血行が促されるため、老廃物の排出がスムーズになり、美肌に必要な栄養が肌に届くようになり、ターンオーバーも整うように。さらに、美肌の大敵ストレスの解消にもなります。

　日々のスキンケアはもちろんですが、食事、睡眠、運動も、美肌維持には欠かせない要素だということを覚えておきましょう。

Chapter

2

正しい美肌ケアの
基本の「キ」

Lesson 04 | 美肌ケアの基本「落とす」「与える」「巡らせる」「守る」

　日々のスキンケアの積み重ねが、美肌にとっていかに大切かは、皆さんならもう十分おわかりですよね。だからこそ頑張っているのに、思うほど成果が出ないと感じることはありませんか？
　それはもしかしたら、美肌ケアの基本「落とす」「与える」「巡らせる」「守る」のどれかが、おろそかになっているせいかも。
　いま一度、自分のスキンケアの「落とす」「与える」「巡らせる」「守る」が完璧にできているか、確認してみましょう。

落とす … 一日の終わりに、肌の汚れやメイクアップを、クレンジング料と洗顔料ですっきり落とし、素肌を清潔な状態にする。
与える … 化粧水、乳液、クリームなどで、水分や保湿成分を与えて肌のうるおいを保ちながら、美容液で肌悩みにアプローチする美容成分を肌に届ける。
巡らせる … マッサージやパックを加えて、血行をよくして巡りを促し、肌の働きを活性化する。
守る … 一日の始まりに、ベースメイクアップやUVカット化粧品で紫外線や乾燥、大気汚染物質から肌を守る。

美肌を保つ適度な運動

　美肌を維持するには、毎日ウォーキングなどの適度な運動を心がけ、全身の血流をよくして健康を維持することが大切です。

　Lesson 03でもお伝えしましたが、ウォーキングなどの軽い運動を行うと、筋肉を動かすことで全身の巡りがよくなって、老廃物の排出がスムーズに行われ、美肌に必要な栄養が肌に届くようになり、ターンオーバーにもよい影響が。さらに、美肌の大敵でもあるストレスの解消にもなります。

　一方で、**ハードな運動は全身の酸化（サビ）を促し、肌老化のスピードを速めることになりますので、年代に合わせて体に負担がかからないよう意識しながら続けることが大切です。**

　美肌に運動は欠かせませんが、美肌にとってもっとも重要なのは、日常的に酸化予防を意識した生活を送ることだということは忘れないでください。

Lesson 06 | 美肌に効果的な
食べ物の摂り方を知る

美肌をつくる基本の栄養素「五大栄養素」って？

　美しい肌の素となるのは食べ物です。偏食や食生活の乱れなど、栄養バランスが悪いと肌老化は進みます。**健康な体、肌をつくる食べ物の基本は、炭水化物、脂質、タンパク質、ビタミン、ミネラルの五大栄養素です。**

[五大栄養素の働き]

栄養素名	主な働き	多く含む食品
炭水化物	エネルギーになる	ごはん、パン、めん、いも、砂糖など
脂質	エネルギーになる	バター、マーガリン、植物油、肉の脂身など
タンパク質	体をつくる	肉、魚、卵、大豆製品など
ビタミン	体の調子を整える	緑黄色野菜、果物、レバーなど
ミネラル	骨や歯などをつくる、体の調子を整える	海藻、牛乳、乳製品、小魚など

※出典：農林水産省サイト http://www.maff.go.jp/j/fs/
※栄養素ではありませんが体にとって大切な成分として、水と食物繊維があります。

◎炭水化物

炭水化物は体にとっていちばんのエネルギー源で、脳が働くためにも使われます。不足すると体温が下がって集中力がなくなり、イライラして疲れやすくなります。同時に、脳は体に栄養が足りないと判断して、体にエネルギーを蓄えるように働くため、脂肪がつきやすい体になります。**皮膚は炭水化物（糖分）を摂りすぎると、皮脂分泌が過剰になって抵抗力が失われ、敏感肌になることもあるので注意しましょう。**

◎脂質

脂質はもっとも効率がよいエネルギー源で、体温を保ち、脳の働きを正常にして、皮膚を守り、ビタミンなどを全身に運ぶ働きがあります。不足すると、体の水分や体温のバランスをくずし、女性らしさが失われてしまいます。皮膚においては、**多すぎると皮脂分泌が多くなり、少なすぎるとかさつきや肌荒れを起こすことに。**

肌の代謝を促す成長ホルモンは空腹時に多く分泌されるといわれており、炭水化物と脂質が主役となる食事は、腹八分目が美肌にはいいとされています。

◎タンパク質

タンパク質は筋肉や皮膚を含む臓器、血液をつくる材料で、酵素やホルモン、免疫抗体の素にもなります。不足すると体力や免

疫力が低下し、体のあらゆるところに影響が出ます。

　また、美肌にとってももっとも欠かせない栄養素で、**皮膚の水分を保つ働きをもつアミノ酸、肌の弾力やはりを保つコラーゲン、エラスチンはタンパク質の線維でできています。**中でも、アミノ酸は肌の天然保湿因子（ＮＭＦ）の半分を占めています。

　タンパク質は体の主な構成成分で、アミノ酸がたくさん結びついてできたものです。人間は必要なタンパク質を体内でつくり出すことができますが、体内で合成されずに食品から補わなければならないものもあります。それを必須アミノ酸といい、動物性タンパク質である肉や魚に多く含まれています。植物性タンパク質の大豆は女性ホルモン（エストロゲン）に似た働きをする成分イソフラボンを豊富に含んでいるため、**動物性タンパク質と植物性タンパク質をバランスよく摂ることは美肌の必須条件です。**

◎ビタミン

　ビタミンはエネルギーをつくる成分ではありませんが、体の調子を整える大切な働きがあり、欠かすことができない栄養素です。水に溶ける水溶性ビタミンは尿などから排泄されやすく、毎日、必要な量を摂ることが大切に。一方で、脂溶性ビタミンは体内に蓄積されやすいという性質があります。

　ビタミンＣやβ-カロテン、ビタミンB群などは、女性の美容と健康に欠かせないホルモン「エストロゲン」の分泌をサポートします。摂取するには季節の旬な果物を中心にバナナ、オレンジ、

グレープフルーツ、りんごなどがおすすめです。中でもアボカドは食物繊維が含まれていて便秘にもよく、さらにコエンザイムQ10が豊富でアンチエイジング効果が非常に高く、ビタミンCと一緒に食べるのがもっとも効果的です。

◎ミネラル（無機質）

ミネラル（無機質）は骨や歯などの組織をつくり、体の生理作用や代謝の調節作用を整える栄養素で、ビタミンとともに体内で合成されない成分のため、毎日の食べ物から摂る必要があります。 海藻類などに多く含まれていますが、食べ物から摂れないときは、体の状態に合わせてサプリメントで補ってもいいでしょう。

食事のバランスがよいかを知る方法として、食卓に並んだ献立の色を意識するといいでしょう。**白色は炭水化物、茶色は脂質、赤や緑、黄色は野菜と果物に多い色で、食卓の上に並んだ色のバランスがよいことで栄養素バランスがよくなるというのも、ひとつの見方です。**

美肌は健康であることが基本です。今は、サプリメントや野菜ジュースなど手軽に摂れる食品がたくさんあり、食事の代用として摂られている人も多いようです。

しかし、美肌を保つのにもっとも必要なのは、栄養バランスを考えて、いろいろな食材をおいしくいただくことだということを忘れないでください。

Lesson 07 | エイジングを減速！抗酸化作用のある食べ物

　酸化予防を意識したバランスのいい食事は、体はもちろん美肌にもよい効果をもたらします。とくに意識して摂ってほしいのが緑黄色野菜です。

　ところで、そもそも酸化とは何なのでしょうか？　**りんごや桃などをむいてそのまま置いておくと茶色になりますよね。これが酸化した状態です。**

　人間の体内では、食べたものをエネルギーに変えるときに活性酸素が発生します。この活性酸素が過剰に発生することで、むいたりんごや桃のように体が酸化して老化を促してしまいます。私たちの体の中では、この酸化が繰り返されているのです。

　それに対して、**酸化を抑える働き「抗酸化作用」をもつのが、ビタミンA・C・Eやリコピンなどの抗酸化成分です。**真っ赤なトマトにはリコピンが多く、ビタミンAやCも含まれていますので、毎食ごとに摂るのが理想です。

　色鮮やかな野菜・発酵食品・魚類・ナッツ類には抗酸化作用があり、食事に取り入れることで老化予防に効果があります。

ほかにもいっぱい！ 代表的な抗酸化成分

コエンザイムQ10 … 肉類や魚介類などの食品に含まれている脂溶性の物質で、人間の体内でも合成されている。

アスタキサンチン … 天然の赤い色素で、サケやエビ、カニなどに多く含まれるカロテノイドの一種。カロテノイドはトマトやニンジンなどの着色のもので、抗酸化力はビタミンCの6000倍といわれている。

ポリフェノール … 緑茶に多く含まれるカテキン、大豆に多く含まれるイソフラボン、スーパーフードでおなじみの果物アサイーなどがある。

酸化を促してしまう食品ってある？

揚げ物やスナック菓子、ファストフードなどは肌を酸化、老化させるので摂りすぎには気をつけましょう。

また、カフェインは抗酸化作用をもつビタミンCを壊し、利尿効果があるためミネラルとビタミンを排泄してしまうので、同様に摂りすぎには注意を！

積極的に摂りたい！
話題の酵素を含む食べ物

　酵素は体に栄養を吸収したり、老廃物を排泄したり、体にダメージを与える活性酸素を除去するなど、体にはもちろん肌にもとても大切な働きをしています。

　野菜ではレタス、ニンジン、セロリ、キャベツ、トマト、キュウリなどに、果物ではキウイ、アボカド、バナナ、りんご、イチゴなどに酵素が多く含まれています。

　野菜や果物の酵素は熱に弱いため、生で食べるのがおすすめです。朝に果物を摂ると糖分がすぐにエネルギーに変わり、食物繊維も含まれているので腸内環境を整えてくれます。

　しかし、果糖が多いことから夜の食べすぎには注意が必要です。また、生野菜を一度にたくさん摂ると体が冷えるため、肌トラブルの回復を遅らせることがあるので、こちらも食べすぎには気をつけましょう。

　もともと冷え性の人は、水分の多い生野菜や果物よりも、温野菜や味噌、納豆などの発酵食品で摂ることをおすすめします。

Chapter

3

皮膚のしくみと
働きを知ろう

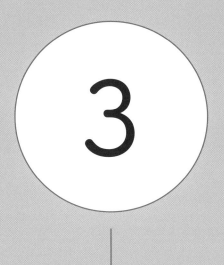

美肌をつくる皮膚の構造と働きを学ぶ

　皮膚は一般的には肌と呼ばれ、体のいちばん外側にあって異物の侵入を防ぎ、体を守る働きがあります。

　肌には縦横に走る溝があり、これを皮溝といいます。その皮溝が交わった部分に毛孔があり、盛り上がった部分を皮丘といい、中央には汗孔があります。

　この皮溝の深さや皮丘の高さ、毛孔の大きさなどがそろっている状態をきめが整った肌といいます。また、毛孔には皮脂腺があって皮脂を分泌し、汗孔からは汗が出て、それが交わって皮膚の上で皮脂膜という保護膜をつくり、皮膚のうるおいを保ってつやを与えます。

きめとは…皮溝と皮丘でできた模様のこと

きめが細かく毛孔が目立たない肌 / きめが粗く毛孔が目立つ肌

図：皮膚表面の構造

　皮膚は、表皮・真皮・皮下組織の3層から構成されています。いちばん外側にある約0.2mmのラップ程度の非常に薄い膜が表皮で、表皮のいちばん外側を角質層、いちばん下を基底層といいま

す。表皮は何層にも積み重なっており、外部からの水分の浸入を防ぎ、内部の水分の蒸発を防いでいます。角質層の細胞は角質細胞間脂質によりつながっていて、その細胞は天然保湿因子（ＮＭＦ）と水分で満たされており、皮膚のはりやなめらかさ、柔軟性を保っています。

　皮膚のうるおいは、皮脂、天然保湿因子、角質細胞間脂質という３つの成分により一定に保たれていますが、加齢や環境により減少し、乾燥した状態になります。

　また、皮膚は皮脂の分泌量と角質層の水分量により状態が変わり、皮脂の分泌量が多いとべたつきやすく、角質層の水分が少ないと乾燥します。

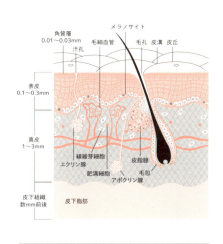

図：皮膚の全体図

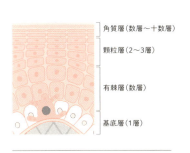

図：表皮の構造

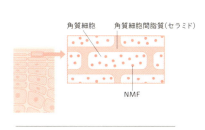

図：角質層の構造

Chapter 3　皮膚のしくみと働きを知ろう　27

Lesson 10

肌タイプは4つに分けられる！

皮脂分泌の量と角質層の水分量のバランスがよい皮膚を「ノーマルスキン（普通肌）」といい、美肌の条件でもある「うるおいがある」「なめらかである」「はりがある」「血色がよい」状態です。肌タイプは、この普通肌、脂性肌、乾性肌、混合肌の4タイプに大きく分けることができます。

ノーマルスキン（普通肌）

水分と皮脂のバランスがよく安定している肌

オイリースキン（脂性肌）

皮脂が多くべたつき、化粧くずれしやすい肌

ドライスキン（乾性肌）

水分と皮脂が少なく乾燥している肌

コンビネーションスキン（混合肌）

べたつき部分とかさつき部分のある肌

［　皮脂と水分の関係　］

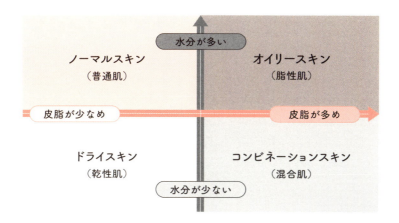

　また、肌タイプは年齢や気温、湿度、食事、生理周期などのさまざまな条件、また一日の午前や午後でも変わることがあります。午後になると、皮脂の分泌が多くなり化粧くずれが起こります。過剰に分泌された皮脂は酸化して肌のトラブルを招き、ニキビを悪化させることも。余分な皮脂は化粧水でふき取り、UVカット化粧品を塗ってパウダリィファンデーションを重ね、化粧直しをすることで、肌の水分と脂分のバランスを整え、肌を守りましょう。

Lesson 11 | 美肌維持の要、表皮と真皮の機能

　表皮は絶えず生まれ変わり、古くなってはがれ落ちた角質細胞は、垢(あか)として洗い流されます。この繰り返しをターンオーバーといい、約4週間で新しい表皮に生まれ変わり、この生まれ変わりがスムーズに行われることで美しい肌を維持できます。

　ターンオーバーは加齢による細胞の働きの低下により遅くなり、紫外線のダメージを受けたときや肌荒れを起こしているときには速くなるといわれています。一般的に化粧品は、この表皮部分のいちばん外側の角質層に働きかけます。

　一方で真皮は、表皮の下にあり、数年から数十年をかけて入れかわります。**真皮を構成しているのはコラーゲン（膠原線維(こうげん)）とエラスチン（弾力線維）で、肌のはりや弾力を生み出しています。**コラーゲンとエラスチンの間にはヒアルロン酸やコンドロイチンなどがあり、水分や栄養分を抱え込んでいます。

　これらの細胞をつくり出す線維芽細胞は、加齢とともに機能が低下します。線維芽細胞の機能が低下すると、コラーゲンやエラスチンは量が減って変性。ヒアルロン酸は産生されにくくなって、紫外線を浴びることでさらに真皮には悪影響を与えてしまいます。

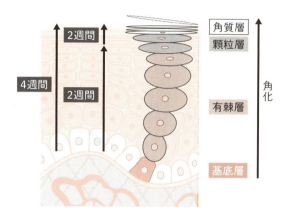

図：表皮ターンオーバーのしくみ

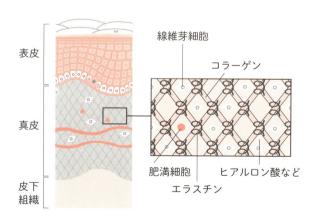

※肥満細胞はアレルギー発症のメカニズムにかかわる

図：線維芽細胞

Lesson 12　加齢による2つの見た目の変化

◎しわ

　皮膚機能の低下は、見た目の変化にもあらわれます。加齢により日本人の肌色は黄みが増して暗く見え、シミ・ソバカスも多くなり、くすみが目立って透明感が失われます。

　中でも、若いときにはすぐ消えてしまう表情じわは、年齢を重ねると肌に残るようになってきます。このしわは、目のまわりから始まり、ほうれい線へと広がっていきます。**若い人のしわは表皮性しわで乾燥によるものがほとんどで、加齢によるしわは真皮の機能の衰えによってできる真皮性しわです。**

　具体的には、皮膚の柔軟性や弾力を保っている真皮のコラーゲンやエラスチンが減少したり、変性したりすることが原因に。また、同時にコラーゲンやエラスチンの間にあるヒアルロン酸やコンドロイチンなどの保湿成分が減少し、この保湿成分をつくり出す線維芽細胞の働きも低下するため、よりしわができやすくなってしまうのです。

　紫外線は真皮の線維を断裂、変性させてしまうので、加齢対策

には保湿に加え紫外線カットが大切に。さらに、線維芽細胞の働きを維持するために、血液中に栄養を十分に補給し、毛細血管の流れを高めることで真皮や表皮に十分な栄養を届け、細胞の働きをスムーズにすることが重要となります。

図：毛細血管

◎たるみ

加齢による皮膚の変化には、しわのほかにもたるみやゆるみがあります。これは、**皮膚を支えている筋肉が脂肪を支えきれなくなるために起こり、主に頬に見られます。**若いときは卵形だった顔の形も、頬のたるみにより丸形や四角形に変化してきます。

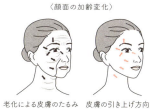

〈顔面の加齢変化〉
老化による皮膚のたるみ　皮膚の引き上げ方向

顔の形と口角の位置をいつまでも若々しくキープするための予防策として、歯磨きの最後などに口角をキュッと上げて笑顔をつくるフェイスエクササイズを継続しましょう。

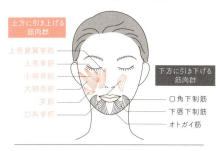

図：衰えた肌の構造

Lesson 13 | 年代別 お手入れ方法をチェック！

10代のお手入れ

　女性ホルモン（プロゲステロン）の分泌が増えることで、肌が脂っぽくなってニキビができやすくなります。そのため、化粧くずれが気になることも。夜はメイクアップをきちんと落とすことを習慣とし、クレンジング時や洗顔時はこすりすぎないようにしましょう。化粧水と乳液は肌状態に合わせて使い、保湿中心のケアを行います。睡眠中に分泌された皮脂で肌がべたつく朝は、日中の化粧くずれを防ぐためにも洗顔料を使用して洗顔をしましょう。その後、収れん化粧水を含ませたコットンで皮脂分泌の多い部分を中心に下から上へ軽くたたくようにして、肌を引き締めます。

20代のお手入れ

　一生のうちもっとも肌が美しく輝く時期です。しかし、不規則な生活を送ることや、冷暖房が効いたところで過ごすことが多くなり、また、就職などの環境の変化もあって、肌の不調を引き起こすきっかけが増える時期でもあります。メイクアップばかりに熱心になり、スキンケアが不十分でメイクアップをオフせずに寝てしまうような生活をしていると、「お肌の曲がり角」を迎え、代謝が低下し始めるので、肌の修復機能が遅くなってしまいます。**20代のときに洗顔や保湿というスキンケアの基本を徹底し、毎日肌を守ることは、将来の美肌の基盤をつくります。**

　また、自分の生理周期や食事のバランスがとれているか、睡眠は十分とれているかなどをかえりみるほかに、肌状態を観察する習慣をつけると、自分の心身の状態を肌で見分けることができるようになります。

30代のお手入れ

　鏡に映る自分を見て、はじめて肌の衰えを感じる時期です。仕事などで多忙な日々が続いて睡眠不足になると肌が乾燥し、肌の弾力やはりをつかさどる真皮にも影響が及んで、小じわが気になり始めます。肌は脂っぽい部分とカサカサする部分を感じるようになり、また疲れが蓄積することで肌が敏感に傾くことも。肌に

やさしい洗顔料を選び、保湿効果の高い化粧水と乳液をたっぷり使用して、皮膚表面のなめらかさとうるおいを保ちます。

　30代は20代で習慣づいた肌観察が生きる年代でもあります。心身にかかっている日々の負担を肌から感じとり、生活にゆとりを取り戻すように心がけましょう。

40代のお手入れ

　ホルモンのバランスに変化が起きて、皮膚の衰えを感じ始めます。皮脂分泌が少なくなり、代謝機能が低下して血液循環が悪くなることでうるおいが不足し、皮膚の透明感が失われます。さらに真皮の働きが低下して、肌のはりや弾力も失われていきます。**40代になると、しっかりお手入れをしている人としていない人の差が、目で見てはっきりわかるようになります。**お手入れには、保湿とともに血行を高めるマッサージを取り入れ、肌のうるおいの維持を。さらに、首と手はとくに年齢を感じさせる部分であるため、お手入れを加えましょう。人前で話をするときは、口角を意識した表情と凛とした姿勢が大人の美しさを表現します。

50代のお手入れ

　更年期にかかるため、ホルモンバランスが乱れて肌の調子が悪くなり、シミ、しわ、たるみなどの老化サインが気になり始めます。

さらに抗酸化力も落ちるため、肌がくすみがちになって透明感が失われます。不足した肌の水分と脂分をしっかりと補い、血行をよくすることを心がけて、肌の生まれ変わりを促すために睡眠を十分にとるように。体の不調と同時に、肌も不安定で敏感になりやすくなるため、そのときどきに合った必要なケアをすることが大切になります。**更年期は40代～60代までで、個人差はありますが、必ず終息するものです。自分の変化を受け入れることができれば、心身が落ち着いてくるでしょう。更年期を過ぎると体調がよくなり、肌も安定してくるので、自分自身の時間を取り戻して、いろいろなことにチャレンジするとよいでしょう。**

Column

男性の肌のお手入れ方法って？

　男性はひげを剃るときに、ひげだけでなく肌までも削っていることがあり、知らないあいだに肌に負担をかけていることが多く見られます。ひげを剃る前には肌をよく温めて、電気カミソリを使用する場合は摩擦を軽減し、肌負担や炎症を防ぐなどの効果が期待できる化粧品を使うようにします。

　また、ひげを剃った後はバリア機能が弱まって皮膚の水分が蒸発しやすくなるため、肌トラブルを起こしやすい状態にあります。水分と保湿成分を与えて肌を保護するようにしましょう。

　一般的にいわれるカミソリ負けで痛みや赤み、炎症が続くときは、小さな傷から菌の感染もあるので、専門医に相談を。

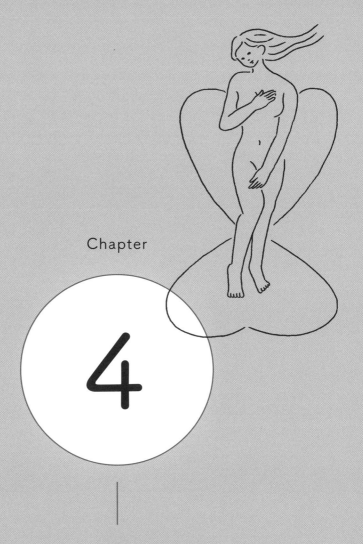

Chapter

4

美肌と
かかわりの深い
4大ホルモン

Lesson 14 | 細胞の再生修復を担う、若返りホルモンって？

　「ホルモン」とはギリシャ語（hormaein）に由来し、体内の特定の組織や器官でつくられ、血液により運ばれて特定の器官に作用し、体のさまざまな働きを調整しています。その数あるホルモンの中でも成長ホルモンは、ほとんどの組織に作用する重要なホルモンだといわれています。

　成長ホルモンは〝若返りホルモン〟ともいわれ、体の成長や代謝などをつかさどっていますが、**加齢とともに減少してしまいます。**この成長ホルモンは睡眠中に分泌されるのですが、入眠の時間に関係なく、睡眠後の２時間くらいまでの深い眠り（ノンレム睡眠）のときに多く分泌され、傷んだ細胞の再生修復を行います。

　また、**睡眠中に血行を促し、新陳代謝を活発にして、美肌を維持する大切な役割ももっています。**そのため睡眠不足や生活習慣の乱れなどは、成長ホルモンの分泌を減少させて、肌荒れや肌老化の原因となります。

Lesson 15 | 体内時計を調整する、幸せホルモンと睡眠ホルモン

　私たちの体は、体温の変動や睡眠と覚醒、ホルモンの分泌などを約24時間周期で繰り返しています。この人間が生まれながらもっている体内時計を「サーカディアンリズム」といい、体温が朝の起床とともに上昇し、午後にはピークを迎え、その後は下がっていくのは、この体内時計によるものです。

　実際の「サーカディアンリズム」は25時間周期で、外部環境と約1時間のずれがあります。このずれは朝日を浴びることでリセットでき、同時に「セロトニン」というホルモンを分泌します。

　「セロトニン」は精神面に大きな影響を与え、心身の安定や心のやすらぎにもかかわることから、"幸せホルモン"ともいわれています。また、新陳代謝を促して、病気や老化を予防する働きもあるのですが、加齢とともに分泌量が減少してしまいます。

　この「セロトニン」は寝ているときはまったく働かず、夜間は美肌維持に欠かせない眠りを誘う"睡眠ホルモン"「メラトニン」が増加。「メラトニン」には体温や脈拍、血圧を低下させてスムーズに眠りにつける働きがあり、「セロトニン」が分泌される朝の起床時には減少します。

Lesson 16　女性の肌と切っても切れない、女性ホルモンのこと

　女性ホルモンも、肌と関連の深いホルモンのひとつです。**女性の体には1ヵ月の生理サイクルがあり、そのサイクルは美肌に大きな影響をもたらします。**

　女性ホルモンの分泌は、脳にある視床下部と下垂体が大きくかかわっています。視床下部はストレスに影響されやすく、不規則な生活やダイエットによっても女性ホルモンのバランスはくずれてしまうのです。

エストロゲン（卵胞ホルモン）の働き

　卵巣から分泌されるエストロゲン（卵胞ホルモン）は、女性の肌の若さを維持するのに大切な女性ホルモンです。**月経後から排卵期に向けて分泌され、真皮のコラーゲンやヒアルロン酸などの産生を促します。**

　卵巣の働きは30代半ばから低下し、50歳前後で迎える閉経期にはエストロゲンの分泌量は急速に減少します。この減少を補うには、規則正しく睡眠をとり、肌の修復と再生を助ける成長ホル

モンの働きが低下しないようにすることが大切です。

　具体的には、女性ホルモンと同様の働きをする成分「大豆イソフラボン」が豊富に含まれる大豆製品をほどよく摂り、バランスのいい食事とともに、血行をよくする運動を行うことで、成長ホルモンの働きをサポートすることができます。

　閉経期の50代は更年期うつ症状に悩む人もいますが、自分自身を見直す時期でもあるので、焦らず我慢せず、ゆったりとした気持ちで取り組めるものを見つけましょう。

プロゲステロン（黄体ホルモン）の働き

　女性ホルモンにはもうひとつ、排卵後から生理前に分泌されるプロゲステロン（黄体ホルモン）があります。**プロゲステロンには、皮脂腺を活発にして皮脂分泌を促す働きがあるため、ニキビができてしまうこともあります。**

　また、生理前に食欲が増すのはプロゲステロンの働きです。

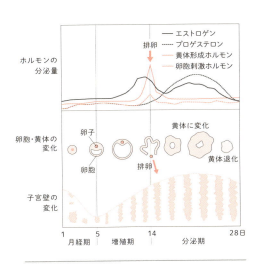

図：生理周期とホルモン

Lesson 17 | 生理周期に合わせたお手入れで美肌をコントロール

　女性の体と女性ホルモンの関係は密接で、肌にも大きな影響を与えるため、1ヵ月の生理周期を知ることは美肌にはとても大切です。

◎卵胞期

　月経期から排卵までのこの時期の肌は比較的安定しているので、化粧品を替えたり、新しい化粧品を使い始めたりするのに適しています。さらに、食欲をセーブしやすく、むくみも少ない時期のために、ダイエットを始めるのに効果的だといわれています。ただし思春期の場合、体が成長途中でホルモンバランスも十分に整っていないため、過激なダイエットは絶対NG！　生理不順や過食症などを招いてしまうことも多いため、女性の体の成育には明らかに悪く、美肌のためにもおすすめできません。

◎黄体期

　排卵後は体温が高くなって、心身にさまざまな不調を起こすPMS（月経前症候群）などをともなうこともあり、イライラして

肌の調子が整わないことも。PMSが強いほど、ネガティブな感情が強くなるともいわれています。アロマオイル（オレンジ、クラリセージ、ゼラニウム、ネロリなど）で、むくみやすい足を軽くマッサージすることで心身をリラックスさせるのも手です。この時期は、ニキビや吹き出物ができやすいため適度な洗顔を行いましょう。さらに、シミもできやすくなるので、保湿ケアとともに日焼け予防の徹底を。

◎月経期

　黄体期と月経期は、睡眠を十分にとってストレスをためないようにし、肌をいたわって保湿を心がけましょう。生理中は、体温が低くなって血行が悪くなるので、保温も意識すること。

不足した女性ホルモンを食べ物で補う！

　女性ホルモン（エストロゲン）が及ぼす肌の変化には、同じような働きをする成分「イソフラボン」が豊富に含まれている大豆食品（豆腐・納豆・枝豆・味噌）を摂るといいでしょう。

　ただし、何でも摂りすぎはいけません。日本人なら誰でも日常的に摂っている、日本の伝統的調味料の醤油や味噌は大豆からできているので、大豆食品は場合によっては摂りすぎてしまうこともあります。

Column

美肌をつくる質のいい睡眠のとり方

　夜寝る前は、PCや携帯を使うのはなるべく避け、部屋は間接照明などでやや暗めにして過ごすようにしましょう。さらに、寝る前の食事は避け、寝る1時間前にぬるめの湯に入って温まり、就寝時に体温が低くなるようにして、質のいい睡眠がとれる準備を。

　手が温かくなるのは、体内の温度を下げて体が休息に入るサインです。手が冷たいままだと、体内の温度を下げることができず、寝つきにくくなります。そんなときは、手袋や靴下で温めてあげると眠りにつきやすくなります。

　人それぞれに必要な睡眠時間の長さは異なり、成人は6時間〜7時間が標準といわれています。この時間も年齢とともに少しずつ短くなっていきます。

　朝は毎日、決まった時間に起きて、朝日を軽く浴びることを習慣づけることで体内時計をリセットし、一日の活動サイクルを良循環にすると、夜には自然と質のいい睡眠がとれるようになります。

Chapter

5

美肌を邪魔する
4つの大敵

大敵 その①
体調不良

　年齢に関係なく健康を維持することは、美肌の基本です。体調がすぐれないと、全身の代謝不良が起こり、同時に肌のターンオーバーも乱れてしまいます。さらに、内臓の働きがスムーズに行われないと、血液循環が悪くなり、肌荒れを起こしやすくなったり、肌のつやが失われたりなどの症状があらわれます。

　女性に多い便秘も、排泄(はいせつ)されない老廃物が腸内で分解され有害物質に変わることで、ニキビや吹き出物、シミの原因に。

　ストレスや疲労は重なると、自律神経系やホルモンのバランスをくずし、疲労物質がたまって筋肉の動きが鈍くなって血液循環が悪くなります。そうなると、美肌に必要な栄養が行き渡らなくなり、肌荒れ、乾燥、肌老化を進めてしまうことに。

　また、ストレスは男性ホルモンの分泌を増加させるため、皮脂腺の働きが促進され、ニキビや吹き出物の原因になることも。さらに、メラニンの産生を促進するので、シミ・ソバカスを悪化させる原因にもなります。

　便秘に次いで女性の悩みに多い冷えも、血行不良から栄養が肌に行き渡らないことが原因となり、美肌維持の妨げとなります。

Lesson 19

大敵 その②
活性酸素を発生させる紫外線とストレス

2種類の紫外線、UV-AとUV-B

　紫外線を浴びると皮膚の表面だけではなく、皮膚の奥の真皮にまでダメージが及びます。肌のはりや弾力をつかさどるコラーゲンやエラスチンの断裂や変性などを引き起こし、うるおいを保つヒアルロン酸などの働きを低下させて、急激に肌を乾燥させてしまうのです。

　紫外線にはUV-AとUV-Bの2種類があります。この2種類の紫外線によるダメージを光老化といい、肌の老化を促進する最大の原因でもあります。

　とくにUV-Aは波長が長く、雲や霧、窓ガラスなども通過して、知らないあいだに肌の深部の真皮にジワジワと悪影響を及ぼします。このUV-Aは、朝から強く降り注ぐため、朝の散歩や通学・通勤のときも注意が必要です。

　一方でUV-Bは、夏にピークになる紫外線で波長が短く、エネルギーが強いので、炎症をともなう日焼けを引き起こします。

　これらの紫外線は3月頃から強くなり、4月〜9月がピークに。

UV-A 長波紫外線とも呼ばれる、波長 320〜400nmの紫外線。紫外線の90％以上を占め、雲や霧、窓ガラス、衣類まで通過します。真皮のコラーゲンやエラスチンにダメージを与え、しわやたるみの要因に。UV-Bに比べエネルギーが弱いため、浴びている感覚がほとんどなく、気づかないうちに肌老化を進めてしまいます。

UV-B 短波紫外線とも呼ばれる、波長 280〜320nmの紫外線。雲などでさえぎられ、真皮までほとんど届きません。全紫外線の10％以下と割合は少ないのですが、エネルギーが強いため、まずは日焼けを起こして赤くなり、その後、黒くなってシミ・ソバカスの原因に。

　紫外線は真上から降り注ぐだけでなく、アスファルトやビル壁からの照り返しでも浴びてしまうことを忘れないようにしましょう。

　紫外線を浴びた肌は、日焼けで黒化するとともに水分量が減少し、乾燥することでバリア機能の低下もみられます。こうしたバリア機能の働きが不十分なときに、さらに紫外線を浴びてしまうと、真皮のコラーゲンやエラスチンにまでダメージが広がり、乾燥してゴワゴワとした厚く硬い皮膚となって、しわが深くなります。

　こうした光老化だけでなく、紫外線は皮膚がんのハイリスクとなるので、一年間を通じて紫外線カットをすることがとても大切です。

基本の紫外線対策を再確認！

　夏だけでなく、春先に急激に強くなる紫外線から肌を守るために、紫外線の強い時間帯の外出は極力避け、シーンに合わせたUVカット化粧品を使いましょう。**UVカット化粧品は一度つけたら終わりでなく、こまめに汗をふいてつけ足すことが大切です。**また、紫外線が目から入ることでもダメージを受けるので、帽子や日傘、サングラスで目を守ることも忘れないでください。

紫外線を浴びて活性酸素が発生すると？

　紫外線による皮膚へのダメージには、活性酸素の発生も深くかかわっています。**皮膚は紫外線をたくさん浴びると、皮膚を守ろうとして活性酸素を増やしますが、活性酸素が増えすぎると、細胞が酸化して老化してしまいます。**

　具体的には、活性酸素が増えると脂質が酸化してシミができ、真皮のコラーゲンやエラスチンが酸化すると変性して弾力が失われ、しわができやすくなります。こうして、細胞を傷つける活性酸素を増やさないためにも、紫外線予防は大切です。

ストレスでも活性酸素が大量発生

　人間関係によるストレスは、ホルモンのバランスをくずしてし

まいます。男性ホルモンの分泌が優位になることで皮脂量が増え、肌が脂っぽくなったり、大人ニキビができたりして肌トラブルになることも。

　また、ストレスがあると体内のビタミンCがたくさん使われて、抗酸化作用が弱くなり、血行不良が起こって活性酸素を大量に発生します。

　悩みごとや心配ごと、疲労の蓄積や過度のプレッシャーなどがあると、人はストレスを感じます。
　体と脳はつながっていて、自律神経系と内分泌系、免疫系の3つのしくみは連携し、一定のバランス（ホメオスタシス）を保っています。自律神経系には、リラックスしているときに優位となる副交感神経と、興奮しているときに優位となる交感神経があります。交感神経と副交感神経は、協調して自然に切り替わって働いている状態がベストですが、ストレスがあると交感神経が反応し、心身の緊張がとれない状態となって、それが続くことで体調を悪化させ、肌トラブルが起こります。
　このような交感神経が優位になって緊張状態が続いているときにいちばんいいのは、呼吸法と笑うこと。呼吸は意識してゆっくりと吐いて、ゲラゲラと大笑いすることでリラックスでき、副交感神経が優位になって心身が安定します。

こんなことでも活性酸素が発生

◎タバコ

　タバコを吸うと、有害物資が体内に入るので、細胞を守るために活性酸素が大量発生します。

◎アルコール

　多量に飲酒した場合も、活性酸素が大量に発生します。しかも、多量の飲酒は睡眠を妨げ、肝臓に負担をかけるため解毒機能が低下し、体に残った毒素を皮膚からも出そうとする働きで、ニキビや肌荒れを起こすことも。また、**肝臓がアルコールを分解するときにビタミンB群やミネラルを消費するため、ターンオーバーが不順になったり、メラニンが増えたり、幸せホルモン（セロトニン）が不足して疲れの症状が強く出たりと、美肌にとってよくないことが起きます。**アルコールは量をほどほどにし、おつまみは健康のために脂質や塩分の量をひかえ、仲間と団らんしながら楽しく飲みましょう。

◎ハードな運動

　過度な運動は全身の酸化を促し、体の細胞を傷つけることになり、老化を早めることにもなります。活性酸素を増やさずに美肌を維持するためには、規則正しい生活とバランスのよい食事、加えて適度な有酸素運動が好ましいでしょう。

Lesson 20 | 大敵 その③
女性ホルモンの低下

　女性の更年期には女性ホルモンのエストロゲンが減少するため、自律神経系が乱れることがあります。これは、脳から指令が出ても卵巣がエストロゲンを十分に出せなくなって、混乱が生じることで起きてしまうのです。

　具体的な症状としては、ほてりやのぼせ、不眠、めまいや動悸、肩こりなどの症状が多く見られます。当然、こうした体の不調が続くことで、美肌を保つことはできなくなってしまいます。

　このように日常生活が乱れるほど更年期症状が重症な人は、ひとりで悩まず、専門医に相談しましょう。体に起こったさまざまな症状を、このまま放っておいてよいかどうかを検査するよい機会にもなるはずです。

　人間50年も生きているとメンテナンスが必要になります。楽しく豊かな60代を迎えるために準備された更年期。無理せず体の声を聴きながら、我慢していたいろいろな症状を一つひとつ解消するように心がけることで、健やかな美肌をキープすることもできます。

[女性のライフステージと女性ホルモン分泌の変化]

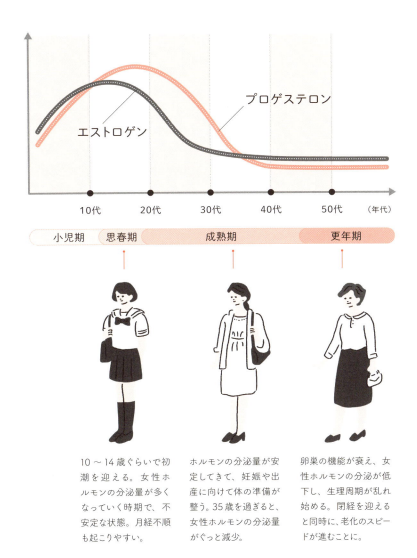

10〜14歳ぐらいで初潮を迎える。女性ホルモンの分泌量が多くなっていく時期で、不安定な状態。月経不順も起こりやすい。

ホルモンの分泌量が安定してきて、妊娠や出産に向けて体の準備が整う。35歳を過ぎると、女性ホルモンの分泌量がぐっと減少。

卵巣の機能が衰え、女性ホルモンの分泌が低下し、生理周期が乱れ始める。閉経を迎えると同時に、老化のスピードが進むことに。

Lesson 21

大敵 その④

温度と湿度の変化

　美しい肌とは、みずみずしいうるおいに満ちていて、しっとりやわらかく透明感のある肌のことをいいます。これを、一般的に「もち肌」などと表現します。

　本来、肌はこうした健やかな美肌を自ら維持しようとする力（ホメオスタシス）をもっており、その力により表皮と真皮の働きがスムーズに行われていれば理想とする美肌が維持できます。

　しかし、気温や湿度の変化により、皮脂と汗の分泌量が変わるため、皮膚表面がべたべたしたり、カサカサしたりするなど、その状態は一定に保つことはできません。

　このような肌表面の変化には、洗顔によりべたつきを洗い流して清潔にし、化粧水や乳液で保湿して肌表面の状態を適度なうるおいで保って、肌を乾燥させないことがもっとも重要で、美肌ケアの基本となります。

　さらに、季節に対応したお手入れをプラスして、肌状態の変化のふり幅を抑え、健やかな美肌を保ちましょう

季節に合ったケアで365日美肌を守り抜く

　全身の皮膚の中でも顔と首、手などは一年中、外界の影響を受け、季節ごとに変化しています。季節に合ったお手入れをして、変わらぬ美肌をキープしましょう。

◎春のお手入れ

　3月から紫外線は強くなり始め、冬のあいだに保湿機能や角質バリア機能が低下してしまった肌にダメージを与えます。**気温の上昇とともに皮脂の分泌が多くなり、べたついたり、ニキビができたりなど肌が不安定になりやすい時期でもあるため、肌状態により低刺激化粧品の使用も検討しましょう。**保湿を中心としたお手入れとUVカット化粧品を使用し、帽子などでの紫外線対策も忘れずに。

　UVカット化粧品は刺激を感じたりパサついたりして、使いにくいと感じる人も多いようですが、肌への刺激を抑えたノンケミカルタイプもたくさんあります。肌が弱い人も自分に合ったものを見つけて、パッチテストをしてから、紫外線をしっかりカットしてください。

◎夏のお手入れ

　紫外線を浴びる量と汗の量が増え、さらに冷房の効いたところで過ごすことにより、肌トラブルが起こりやすくなります。**汗は**

やわらかい生地のハンカチでこすらず押さえるようにふき、UVカット化粧品は外出前だけでなくこまめにつけ直すようにします。朝は収れん化粧水で脂浮きを抑え、夜は化粧水で保湿し、皮脂バランスを整えます。

◎秋のお手入れ

秋は夏の紫外線と食欲不振や睡眠不足で、ターンオーバーが乱れる季節です。冬を迎える前に、肌を復活させることが大切に。**初秋にきちんとお手入れをすることで、その後は安定した肌を維持できます。**

敏感肌以外の人は、夏に受けたダメージが出ている部分に美白化粧品を使い、さらにスペシャルケアとしてシートマスクをプラスして保湿をしっかりしましょう。敏感肌の人は、季節の変わり目は用心しないといけません。温度や湿度が安定しないこの時期は、肌も不安定であることを忘れないようにし、保湿を重点的に行うことが大切です。

◎冬のお手入れ

気温が下がって空気が乾燥するため、肌の水分が失われ、体の血液循環も悪くなり、ホメオスタシスが低下してくすみやすくなります。**入浴で体を温めて血行を促し、水分と油分のバランスを考えた保湿ケアとマッサージをプラスしましょう。外出時にはファンデーションをつけて、さらに乾燥から肌を守ります。**

季節や生活環境により変化する肌に寄り添う

　季節による肌の変動は個人による差があり、過ごす環境による違いでも大きく変わります。**季節により自分の肌が何に影響を受けて変化したのかを把握して、季節ごとのお手入れ方法を知るのが美肌への近道になります。**

　季節や生活環境の変化による、肌の不調は普通肌、脂性肌、乾性肌、混合肌、どんな肌タイプにも起こります。

　年齢を重ねるとドライスキン（乾性肌）の人が増えてきますが、季節や室内環境によっても肌は乾燥する傾向にあります。いずれの肌タイプも、基本は水分と油分のバランスを整えてうるおいをキープすることが大事です。

　肌は乾燥が進むと敏感になり、いろいろな肌トラブルの引き金になります。肌の乾燥を防ぐためにも、季節を問わず部屋の湿度を50〜60％に保つことを心がけましょう。**肌の変化に気づいたときには、日頃のお手入れを見直し、化粧品を減らしたり追加したり、場合によっては肌の調子を整えるために化粧品の切り替えの検討も必要です。**

Chapter

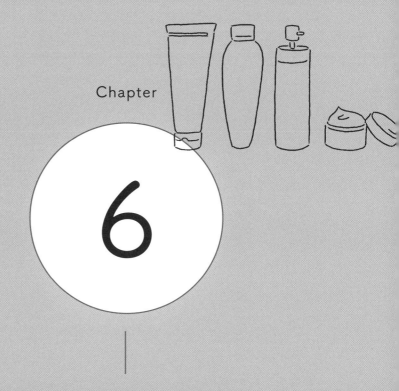

6

―

日々のお手入れに
欠かせない
化粧品のこと

Lesson 22

美肌の第一歩、クレンジングと洗顔

◎クレンジング

　メイクアップ化粧品は、主に油分や粉末に加え、顔料や色素などでつくられていて、長時間肌の上にあることで皮脂と混ざって汚れとなります。しっかりとフィットするタイプのベースメイクアップ化粧品は、肌の欠点をカバーし美肌に近づけることができますが、一日の終わりにそのまま落とさずに寝てしまうと、ニキビや肌荒れの原因となり、肌の老化を促進させてしまいます。

　最近のメイクアップ化粧品のほとんどは、水やお湯だけでは落とせません。化粧をした日の夜は、その化粧品やカバー力などに対応するクレンジング料を選んで使いましょう。

◎ポイントクレンジング

　使用するのはアイメイクアップや落ちにくい口紅を落とす専用のクレンジング料です。目のまわりの薄くデリケートな皮膚をこすらずに化粧を落とすことができ、色素沈着の予防にもなります。

[メイクアップと肌状態で選べるクレンジング料の種類]

オイルタイプ

クレンジング料の中でも、いちばんメイクアップを落とす力がある。さまざまなタイプのファンデーションに対応。

クリームタイプ

なめらかな使用感で、メイクアップとなじみやすく、落とす力も優れていて肌にうるおいを残す。

ジェルタイプ

つけたときに密着感があり、なじむとクリームタイプに近くなり、すっきりと落とせる。また、クリームタイプとジェルタイプの中間のような感触でリキッドタイプもある。

ミルクタイプ

落とす力はやや弱いが、肌への負担が少なく、ナチュラルメイクアップにぴったり。

ローションタイプ

コットンに含ませてふき取りとして使用。薄づきのベースメイクアップに適している。

ふき取りシートタイプ

手軽で簡単に使用でき、ふくときの摩擦による刺激に注意することが必要。シートに含まれているクレンジング料によって落とす力や感触が異なる。

◎洗顔料

クレンジングでメイクアップを落とした後に使用するのが洗顔料です。クレンジングで落としきれなかったメイクアップや肌の汚れ、毛穴の汚れなどをしっかりと洗い流します。

==洗顔料を選ぶときは、汚れを取り除いても肌に必要なものは取りすぎないこと、洗った後のツッパリ感が心地よい程度であることをポイントに選びましょう。==

10代、20代でクレンジング料と洗顔料を使ったダブル洗顔の習慣が身につき、年齢や季節が変わっても、同様のダブル洗顔を続けている人も多いようです。年齢や季節で変化する肌状態をよく観察して、今、どのような洗顔をすればいいかよく考え、臨機応変に洗顔を行うようにしましょう。

洗顔料には、粉末タイプ、固形タイプ、練りタイプなどさまざまなタイプの商品がありますが、どんな洗顔料を使った後でも、肌状態に合った化粧水、美容液、乳液、クリームなどの化粧品で、しっとりうるおいのある肌に整えることが大切です。

Lesson 23

美肌を育む、与えるスキンケア

◎化粧水

　水分と保湿成分を肌に与えることで肌表面に水分を蓄え、きめを整える働きをもつのが化粧水です。水分と保湿成分を与えることを主とする保湿タイプ、皮脂や汗の分泌を調整する収れんタイプなどがあります。

◎乳液・クリーム

　水分、油分、保湿成分を与えて、肌のモイスチャーバランスを整え、柔軟性を促すのが乳液とクリーム。乳液は化粧水とクリームの中間的な性質をもち、使用感は肌になじみやすくみずみずしい。クリームは乳液だけでは保湿が足りないときにプラスすると、保湿効果をさらに高めてうるおいが持続します。

◎美容液

　保湿成分や美白成分などの美容成分が濃縮して配合されているのが美容液で、つけるタイミングは目的により異なります。シートマスクには美容成分が含まれていて、集中的、即効的に、また手軽にケアができます。

Lesson 24 | 意外と知らない、化粧品の
キホンの使い方と選び方

化粧品を安心して使うための基本ルール

　化粧品はスキンケア商品とメイクアップ商品に分類されます。**購入するときは、商品説明書に書かれている配合成分や取り扱い方、注意事項などをよく読んで、確認してから使用しましょう。**商品に記載された使用方法は目安であり、季節やそのときの肌状態に合わせて量や種類などを変えて使用すると効果的です。

　化粧品は清潔な手で使用し、一度容器より出したものは戻さず、雑菌などの異物が入らないようにします。

　保管するときは直射日光が当たらない湿度の低い暗所に置き、極端な低温も避けましょう。開封した商品はキャップをきちんと閉めて保管を。何も記載していない場合の使用期限は市場に出てから約3年となりますが、期限の記載がある場合はその期限を守るようにする必要があります。

　製造、開封されてから時間が経過した化粧品は、色、見た目の変化、香りや使用性などに変化がないか確認してから使用します。また、時間の経過だけでなく、夏の車内などの高温の場所に放置

すると、化粧品は変質しやすくなるので注意が必要です。

　使用して赤みや発疹、かゆみなどが出た場合には、すぐに水で洗い流しましょう。それでも肌に異常が感じられるときは、皮膚科を受診しましょう。

　また、メイクアップなどで使用したスポンジやパフ、ブラシなどは皮脂や皮膚の汚れがついて雑菌が繁殖している場合があり、ニキビや肌トラブルの原因にもなります。肌へのつきやのびが悪くなることもあるので、専用の洗剤または中性洗剤でこまめに洗って清潔なものを使うことが大切です。

　アイメイク用化粧品は目の粘膜に近い部分にも使用するため、とくに注意が必要です。

スキンケア化粧品の選び方、最大のポイント

　一般的には、スキンケア化粧品は基礎化粧品といわれ、お手入れの目的に合わせた成分が配合され、いろいろな種類のアイテムがそろっています。

　スキンケアの基本は「肌の汚れを落とす」「肌のうるおいを保つ」「肌を巡らせる」「肌を守る」の４つですが、その中でも「うるおいを保つ」ことがスキンケア化粧品の最大の役割となります。

　こうした**スキンケア化粧品を選ぶときには、目的とするスキンケア効果があることに加え、感触や使用性の好みと自分の肌に合っていることが大切になります。**そして、毎日継続して使うことから、安全性も重要なポイントとなります。

Lesson 25 スキンケア化粧品の原料とその役割を知る

　スキンケア化粧品の主な原料には、油性原料（油脂）、水性原料、界面活性剤、保湿剤、防腐剤、殺菌剤、紫外線防止剤、特殊配合成分や美白成分、酸化防止剤などがあります。

◎油性原料

　化粧品成分がよく溶け、皮膚をしっとりさせ、皮膚の水分蒸発を抑えて水分量を保ち、使用感をなめらかにする油性原料（油脂）。アーモンド油、オリーブ油、シアバター、ヤシ油、マカデミアナッツ油などの植物油と、馬油やミンク油などの動物油があり、肌や髪になめらかさとつやを与え、マッサージをするときには摩擦を防ぎ、すべりをよくしてくれます。

◎水性原料

　化粧品を溶かすのに重要な精製水やエタノールがあり、感触をなめらかにし、肌へのなじみをよくするような働きがあります。

◎界面活性剤

　洗顔料に配合されている泡立ちをよくする界面活性剤は、配合量がほかのスキンケア化粧品に比べて多いことから、洗顔料が肌に残らないようにすすぐ必要があります。また、界面活性剤には「水」と「油」が分離しないように混ぜ合わせる働きがあり、乳液をはじめほとんどのスキンケア化粧品に配合されています。

◎保湿剤

　本来は、皮脂と汗でできた天然の皮脂膜というベールで皮膚は覆われており、うるおいが保たれていますが、洗顔や乾燥などによりうるおいは失われてしまいます。

　こうした皮膚のうるおい不足を解消するのに、保湿剤が活躍します。**保湿剤はスキンケア化粧品の中心となる成分で、化粧品の水分に配合することで、皮膚の柔軟性を保ち、皮膚内部の水分蒸発を防いで保湿成分を補い、皮脂膜と同様の働きをします。**

　保湿剤としてもっともポピュラーなのは、変質しにくく刺激が少ないグリセリンで、植物油からつくられたものが主に使われています。抗菌作用のあるプロピレングリコール、ブドウ糖やショ糖からつくられるソルビトール、真皮にも存在するヒアルロン酸にナトリウムが結合したヒアルロン酸ナトリウム、NMF（天然保湿因子）の成分であるピロリドンカルボン酸塩や尿素などもスキンケア化粧品に配合されるおなじみの保湿剤です。

◎防腐剤

化粧品は使用しているあいだに細菌やカビが増殖するのを防ぐ目的で、防腐剤が配合されています。代表的なものにパラベンや安息香酸、ヒノキチオールなどがあります。

◎殺菌剤

肌トラブルの一因と考えられる感染を予防するために、ニキビ用化粧品やフケ予防のヘアケア商品、薬用石けんなどには殺菌剤が配合されています。

◎紫外線吸収剤と紫外線散乱剤

肌を光老化から守るUVカット化粧品には、紫外線を取り込む吸収剤や紫外線を散乱・反射させる散乱剤を配合し、それぞれの長所を取り入れて商品化されています。これらの**吸収剤や散乱剤の効果は、UV-Bをどれくらいの時間防ぐことができるかをSPF値（数字）で、肌深部に影響を及ぼす波長の長いUV-Aをどれくらい防ぐかの目安をPA値（＋）で、化粧品に記載しています。**SPF値やPA値は化粧品によって違いますが、どの製品もこまめにつけなおすことが紫外線対策には大切です。

[UV-Aを防ぐ目安]

分類表示	程度の度合い
PA+	効果がある
PA++	かなり効果がある
PA+++	非常に効果がある
PA++++	極めて高い効果

[紫外線防止効果の目安]

紫外線防止効果表示	SPF10	SPF20	SPF30~50	SPF50+
PA+ （UV-A防止効果がある）	通勤、家事、散歩、草取り、子守り、買い物など			
PA++ （UV-A防止効果がかなりある）		軽い野外スポーツ、ハイキング、スポーツ観戦など		
PA+++ ~ PA++++ （UV-A防止効果が非常にある～極めて高い）			炎天下のスポーツ、海水浴、春夏スキー、登山など	

[紫外線防止効果を高めるコツ]

　紫外線防止効果を高めたいときには、UVカット化粧品をつけたら、物理的に紫外線をカットする粉末を多く含むパウダリィファンデーションを重ねてつけましょう。
　肌が敏感な人は、パウダリィファンデーションを押さえるようにしてつけること。さらに、UVカット化粧品は使用前に、1週間くらい連日、同じ部位にぬって反応がないかどうかを確かめてから、ほかの部位にも使用するようにしましょう。
　紫外線のダメージは、その蓄積状況が目に見えないのでわかりにくいのですが、肌深部まで影響を与え、確実に肌の老化を促進しています。光老化から肌を守るには、365日、しっかり紫外線をカットすることが大切です。

◎特殊配合成分

個々の肌悩みに対応した効能効果を期待できる薬用化粧品には、ホルモン類やビタミン類、抗炎症剤、殺菌剤、アミノ酸などの特殊成分が配合されています。

◎美白成分

世代問わず日本女性に人気の美白化粧品には、紫外線の影響によるメラニンの生成を抑え、色素沈着を予防する成分を配合しています。ハイドロキノンはメラニンの生成サイクルを阻止、ビタミンC誘導体はシミを薄くする、コウジ酸はメラニンの生成を抑えるなど、成分により美白のアプローチ方法は違います。アルブチンやカミツレエキスなども美白成分です。

◎酸化防止剤

酸化しやすい成分の変質を防いだり、皮膚の酸化を予防したりします。

◎香料

使ったときの心地よさを増すために配合されています。

Lesson 26 自分の肌に合う化粧品を見つける

敏感肌、アトピー肌でも使える化粧品選び

　一般的に、防腐剤や石油系界面活性剤など人工的化合物を含んでいない化粧品は無添加化粧品、自然派化粧品や天然由来化粧品は天然成分を配合、オーガニック化粧品は農薬などを使用しないで栽培された有機素材が使われているといわれています。

　いずれの化粧品も化学的に合成しないとつくれないため、無添加化粧品やオーガニック化粧品だからといって、必ずしも安全とはいい切れません。肌によいといわれている植物成分にアレルギーを起こすというのもよくあることです。**配合されている成分をきちんと見定めて、自分の肌に合うかどうかの判断はどの化粧品にも必要です。**

　中でも敏感肌用化粧品は、一般的に鉱物油や油脂、エタノール、香料などに弱い肌を考慮してつくられています。

敏感肌 … 角質層が薄くなってバリア機能が弱まり、さらに皮脂膜をつくれず、刺激を感じやすくなっている肌。**刺激になりやす**

い成分を含まない敏感肌用化粧品を使って角質層を育むケアをすることで、回復が期待できます。

アレルギー肌 … 特定の物質が刺激になり、体にも赤みやかゆみが出てしまう肌。肌に合わない特定の物質に触れない、アレルギーを起こす成分を配合した化粧品を使用しないことで防ぐことができます。

さっぱりとしっとり、どっちが自分の肌に合う？

　主に化粧水や乳液にしばしば見られるのですが、「さっぱりタイプ」と「しっとりタイプ」に分かれていて、どちらかを選ばなくてはいけないことがあります。このさっぱりとしっとりは、保湿力は同じだけど使ったときの感触だけが調整されている場合と、配合されている保湿剤の量も変えて感触を調整している場合があります。
　つまり、使用感だけで化粧水や乳液を選んでしまうと、保湿力が十分あればいいのですが、足らないときちんとお手入れしているのに、知らず知らずのうちに乾燥が進んでしまったということも。
　毎日、朝晩と使うものだから、感触が心地よいことも大切ですが、つけた後の肌がしっかりうるおっているかも重要です。使ってみた感触だけで選ばず、その後、十分うるおっているかどうか確認して、自分の肌に本当に合うスキンケア化粧品を見つけましょう。

Lesson 27 | 化粧品を定義する薬機法って？

　化粧品は毎日使用するものであることから、その品質、有効性、安全性などについて、医薬品、医薬部外品、化粧品、医療機器及び再生医療等の製品に関する運用などを定める法律「医薬品医療機器等法（薬機法とも略される・旧薬事法）」において、規制されています。

◎化粧品

　薬機法での化粧品の定義は**「化粧品とは、人の身体を清潔にし、美化し、魅力を増し、容貌を変え、または皮膚もしくは毛髪を健やかに保つ」**ことが目的のもので、日常的に使用する肌に穏やかな作用があるものを指します。

◎医薬品

　医師の処方により一時的に用いられるもので、病気の治療や予防に使用するのを目的とし、有効成分の効果・効能が認められています。

◎医薬部外品

　医師の処方は必要なく、厚生労働省が許可した効果・効能の成分が含まれているものの、病気の予防を目的につくられたもので、治療を目的としたものではありません。**医薬品に含まれている有効成分を配合し、シミやしわ、ニキビなど肌の悩みに対応しています。**いわゆる薬用化粧品は、この医薬部外品に属し、薬機法上は化粧品ではありません。

　化粧品は薬機法により、配合されている成分をすべて表示することが義務づけられており、消費者は化粧品に配合されている成分を知ることができます。原則として、全成分表示は容器や外箱に配合量の多い順番で記載されています。もし、配合されている成分に認められていない効果を表現している広告などがあったら、その化粧品には注意が必要です。

　また、日本で製造販売された化粧品は日本の化粧品基準に準じてつくられています。海外製の化粧品でも、化粧品製造販売業許可を取得した業者の適切な管理のもとに流通している化粧品は、日本の化粧品基準に準じたものとなっています。そうではない海外から個人で直接購入した化粧品は、基準に適合していない場合もあるため、肌トラブルなどが起きても自己責任になります。

Column

疲れがとれないときは自分へのごほうびを

　疲れが取れなかったり、睡眠不足で顔がむくんでいたりするときは、自分へのごほうびとしてプロの手にゆだねてみるのもいいでしょう。

　エステティシャンのゴッドハンドによる至福の時間は、たまった疲れを癒し、元気を取り戻して意欲的な生活にリセットさせてくれます。日頃から心を安定させて笑顔で過ごすことは、美肌にとって何よりも大切です。

　エステティシャンから受ける心地よいマッサージは、ストレスを解消し、気持ちがよいと感じることで免疫力も高まるともいわれています。

　とはいえ、肌は日々変化しているので、美肌を維持するためには毎日のセルフケアはとても大切。自分の肌を慈しむようにケアする習慣を身につけましょう。

Chapter

肌を巡らせる
フェイシャルマッサージ

Lesson 28 | フェイシャルマッサージの効果って？

　Lesson 04の美肌ケアの基本のなかのひとつ「巡らせる」を、日々のお手入れのなかで、手軽に実践できるのがフェイシャルマッサージです。

　フェイシャルマッサージを行うときは深呼吸をし、手のひら全体や指の腹を肌に密着させて、ゆったりとした一定のリズム感で、こすらないように、顔の下から上へ、中心から外へを意識して行うことで、肌に活力を与えることができます。

　それにより、くすんだ肌に透明感や血色感が生まれたり、たるんで元気のない肌を生き生きさせたり、フェイスラインをすっきりさせたり、慢性的に乾燥している肌が自らうるおう力をつけたり、と美肌にとっていい効果をたくさん得られます。

　また、軽くゆったりとしたタッチで行うことで美肌の大敵ストレスや不安から解放され、顔の表情筋にもアプローチし、なめらかな肌に導きます。

　さらには、摩擦を抑えるために使用するオイルやクリームなどの保湿効果で肌がうるおい、はり・つやが生まれるという肌にうれしいことがたくさんもたらされます。

Lesson 29 美肌維持のカギをにぎる表情筋

　顔には、額や目を中心とした筋肉（前頭筋・皺眉筋・眼輪筋）、頬を中心とした筋肉（頬筋・大頬骨筋・小頬骨筋・笑筋）、口を中心とした筋肉（口輪筋・上唇挙筋・口角下制筋・下唇下制筋）などの表情筋があり、マッサージはこれらの表情筋にアプローチすることもできます。

　表情筋は、手足の筋肉と違って直接皮膚についているため、細かな表情をつくることができますが、その表情のくせが加齢とともにしわとなって深く刻まれてしまいます。

　また、加齢によるたるみは、角質層の保湿機能と真皮のコラーゲンをつくる細胞機能の低下や皮下脂肪の減少や低下のほかに、表情筋の衰えなども加わって起こります。

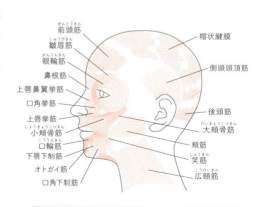

図：表情筋

Lesson 30 | 実践！フェイシャルマッサージ

フェイシャルマッサージに使用する化粧品

　皮膚の摩擦を防ぐために化粧品はマッサージ専用を使用します。マッサージ専用化粧品は大きく分けてオイル、クリーム、ジェルタイプがあります。

　オイルタイプは使用感の変化がないため長くマッサージが行え、クリームタイプはマッサージ後もうるおいが肌に残ります。ジェルタイプは短めに行う場合に最適で、刺激を感じやすい人には適さないかもしれません。不適切な摩擦は黒ずみの原因になるので、注意しましょう。

　日々のお手入れのなかに気軽にフェイシャルマッサージを組み込みたいという人は、乳液やクリームをいつもの倍ぐらいの量を使って行いましょう。ただし、マッサージに慣れていない人の場合は、力が入りやすくなるので、肌への負担を抑えるためにも、使用感の変化が少ないオイルかクリームを少し多めに使い、すべりをよりよくすること。物理的な刺激に弱い人はマッサージ後は、ふき取らずに流して、摩擦による刺激を極力抑えましょう。

簡単！　毎日できるフェイシャルマッサージ

洗顔後、少し多めにマッサージ化粧品を手にとったら、顔と首、デコルテに広げ、1〜8のステップを3セットずつ行いましょう。

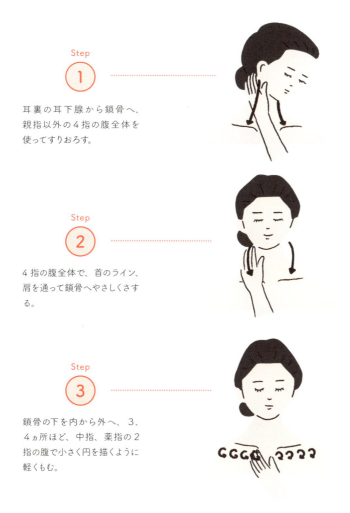

Step 1
耳裏の耳下腺から鎖骨へ、親指以外の4指の腹全体を使ってすりおろす。

Step 2
4指の腹全体で、首のライン、肩を通って鎖骨へやさしくさする。

Step 3
鎖骨の下を内から外へ、3、4ヵ所ほど、中指、薬指の2指の腹で小さく円を描くように軽くもむ。

Step 4

両手の手首の上部分をアゴ先に当て、耳横まですべらせて、フェイスラインをぐーっと引き上げる。

Step 5

両手の手首の上部分を頬骨の下に当て、圧迫。その後、4指の腹で頬骨の下から耳横までやさしくさする。

Step 6

頬骨の上に4指の腹を当て、こめかみまでやさしくさするようにすべらせ、こめかみまできたらキュッと引き上げる。

Step 7

2指の指の腹をまぶたの上に軽くおく。その後、こめかみまでやさしくさすり、キュッと引き上げる。

Step 8

眉間から髪の生え際まで4指の腹でなで上げ、こめかみへおろす。仕上げに、Step1に戻って終了。

※頬骨から眉のあいだは敏感な部分なので、強くこすらないこと。

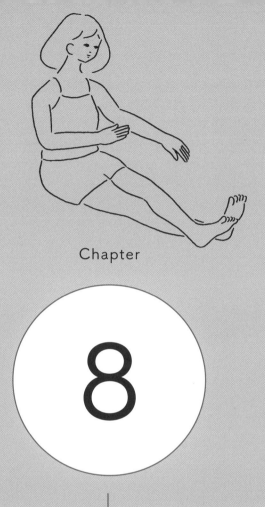

Chapter

8

ボディのセルフケア

Lesson 31　自分でできる簡単ボディマッサージ

ボディマッサージで美肌に!?

　美肌維持には、体の循環機能を高めるボディマッサージは優れた効果を発揮します。

　まずは、マッサージの前にはお風呂に入って体をしっかり温め、水分を摂って循環を促しておきましょう。

　ボディマッサージは気持ちよさが感じられるぐらい、疲れがとれるぐらいのやや強めの力で行って、手や足の末端から、体の中心に向かうに従って力を抜いて弱めていきます。また、体の外側はやや強め、内側はやや弱めに行います。

　自分で行うボディマッサージは難しく感じますが、体を洗うときやシャワーを浴びるとき、乳液などをつけるときに、リンパの流れを意識するだけでも効果が実感できます。

　また、こうしたマッサージは毎日続けることが大切です。リンパの流れは体の筋肉の動きにともなうことから、ウォーキングやストレッチも取り入れると、より効果を実感できます。

美肌をつくる簡単ストレッチとボディマッサージ

　美肌維持のために全身の循環機能を高めるためには、むくみの解消が第一です。とくにむくみやすく、セルフケアが簡単にできる下肢のストレッチとマッサージを毎日の習慣にしましょう。各ステップ3〜5セットを目安に。

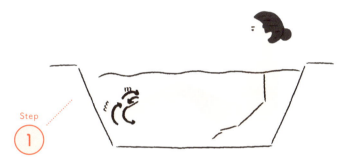

Step 1

湯船に入って座った状態で、つま先を上下させ、足首を内側と外側にまわしてストレッチをする。

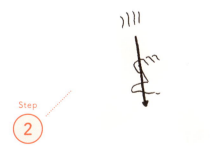

Step 2

猫の手にした4指の第二関節で、足の裏を指の付け根からかかとまでさする。

Step 3

足先から鼠径部まで、ボディ用の保湿乳液をつけたら、手を猫の手にして4指の第二関節で、足の甲を指の付け根から足首へすりあげる。

Step 4

ひざ下の側面を、両手のひら全体で足首からひざ裏まですりあげる。

Step 5

ひざ下の裏面を、両手のひら全体で足首からひざ裏へすりあげ、ひざ裏を握りこぶしで軽く圧迫。

Step 6

両手のひら全体を使って、ひざ裏からでん部の下まで軽くすりあげたら、次にひざ上から鼠経部まで、同様に軽くすりあげる。仕上げに鼠経部を握りこぶしで軽く圧迫。

Lesson 32 | カサカサボディの乾燥対策

体も顔と同じように、季節や過ごす環境の影響を受けて乾燥してしまいます。さらに、年齢や体調の変化によって、生活環境に適応するのがより難しくなってきます。

いつも同じ入浴法や保湿ケアでは、さまざまな肌トラブルを招いてしまうことも。顔と同じように肌状態に合わせて乾燥予防や保湿ケアを心がけましょう。

◎入浴時の保湿ケア

体の乾燥が気になるときは、まずは入浴時に、保湿効果のある入浴剤を入れた湯船で温まりましょう。

体の洗浄は、背中などの手が届かない部分だけタオルで洗い、手が届く部分は手のひらを使って泡でやさしく洗うこと。**洗浄剤の使いすぎ、タオルで過剰にこする行為は肌を守っている皮脂膜をとりすぎて乾燥の原因となるので、注意が必要です。**

さらに肌の乾燥が激しいときは、ボディ用の洗浄剤を使わずにぬるま湯で汗を流してから、脂っぽい部位だけ敏感肌用の石けんを泡立てて手で洗浄し、タオルの使用はやめておきましょう。

◎入浴後の保湿ケア

お風呂から上がった後は、肌に少し湿り気があるうちに、手のひら全体に広げた保湿成分配合のボディ用乳液を、手のひらを肌に密着させて円を描きながら軽くさするようにマッサージしてなじませましょう。これだけでも、ひどい乾燥肌ももちっとした美肌に。時間に余裕があるときはLesson 31のストレッチとボディマッサージを取り入れて。

洗顔後に必ずスキンケアをするように、ボディも入浴後に肌状態に合わせたスキンケアを習慣にしましょう。体に乾燥がひどい部分があると、ホメオスタシス（恒常性維持能力）の働きにより、背中などのもともと皮脂分泌の多い部分がより皮脂を分泌してしまい、ニキビができることがあります。こうした肌トラブルを防ぐためにも、ボディの保湿ケアは不可欠なのです。

◎かかとやひじの保湿ケア

体の中でとくに乾燥が激しいかかとやひじ、下肢には、尿素配合のクリームをつけてラップでしばらく覆っておきましょう。その後は、靴下を履いておけば、尿素の保湿効果が続いて、しっとりやわらかいかかとがキープできます。冬はラップをつけたまま靴下を履いて寝ると効果的です。ただし、尿素は肌が敏感になっているときはしみることがあるので、注意が必要です。

かかとやひじはもともと角質が厚い部分ですが、日頃のお手入

れが不足すると、さらに厚くざらつきが目立ちます。サンダルを履く夏に限らず、定期的なお手入れを心がけましょう。

◎下着の選び方

吸水タオルや保温効果が高い下着は、皮膚の水分をうばって乾燥させてしまうことがあります。また、下着に使われている染料や防腐剤で肌トラブルを起こすことも知られています。**体の乾燥がひどく、かゆみが気になるときは、皮膚に直接触れる下着はコットンなどの皮膚にやさしい生地を選びましょう。**

Lesson 33

年齢が出やすい ハンド&ネイルのお手入れ

　手のしなやかさ、指先の美しさは女性らしさを一段とアップします。手も顔や首と同様に外気にさらされている部分で、お手入れが十分でないと年齢があらわれやすい部分です。

　手と爪は皮脂量が少なく、外気にさらされているので、乾燥しやすく、さらに、手のひらや指先はさまざまなものに触れ、水仕事もする機会も多いので手荒れを起こしやすい部分でもあります。手は乾いたと感じたら、すぐに保湿することが大切です。

　よくある爪のトラブルには、爪の先端の表面が薄くはがれる二枚爪、爪表面にあらわれる細かい縦線、横に走る溝があります。これらは、ネイルケアのテクニックで改善することができます。

ハンド&ネイルケアの方法

　ハンドマッサージによるハンドケア、爪の形と長さをスタイリングし、爪まわりの角質ケアを行うネイルケアで、健康的で若々しい手肌と指先に仕上げます。

◎ハンドマッサージ

入浴後、たっぷりのハンドクリームをつけて、手のひら全体でもう片方の手の甲を、乾燥しやすい指先から円を描くようにマッサージをしましょう。時間があれば、指1本1本も指先から円を描くようにマッサージを。もう片方の手の甲も同様にマッサージしたら、手のひら同士を合わせて円を描きます。仕上げに、2本の指で挟むようにして爪の両サイドの根元を、指先で軽くプッシュします。

Step 1

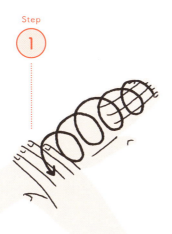

手の甲は指先から手首へ向かって、もう一方の手のひら全体でらせんを描くようにマッサージを。手のひらは円を描きながら両手をすりあわせる。

Step 2

爪の両サイドの根元を、もう一方の手の指先でプッシュして刺激を与える。

◎ネイルケア

爪の形と長さを整えるときは、爪切りではなくエメリーボードを使うと二枚爪になりません。エメリーボードは、爪に対して45度で一方向に動かして、爪の先端へのダメージを防ぎます。

[エメリーボードを当てる角度]

○ 爪の厚みに約45度の角度。

× 爪の厚みにフィットしていない。

爪と皮膚のあいだには甘皮があり、これを処理すると指先を美しく見せることができます。お風呂上がりは皮膚がやわらかくなっているので、甘皮の処理がしやすくなります。キューティクルリムーバーを含ませた綿棒でやさしくらせんを描きながら、甘皮をきれいに押し上げ、その後、水を含ませたコットンでふき取りましょう。

爪表面はネイルポリッシャーを使うと、表面がつるつるになり、ネイルカラーが美しく仕上がります。指先まで美しく整えて、どこから見られても素敵な女性をめざしましょう。

美肌検定®
試験例題
100

試験例題の後ろのページに、解答用紙と解答があります。
解答用紙はコピーして使いましょう！

1. 美肌の条件について適切でないものをひとつ選びなさい。
    a) シミ、ソバカス、色むらのない均一な肌色
    b) きめがたいらで整っていない肌
    c) ざらつきのない、つるりとした肌

2. 美肌ケアの基本について適切でないものをひとつ選びなさい。
    a) 肌色に赤いむらがあるときは紫外線のカットは必要ない
    b) シミ・ソバカスがあるときは紫外線をカットし、美白ケアをする
    c) 乾燥しているときは保湿を心がける

3. 美肌ケアの基本について適切でないものをひとつ選びなさい。
    a) 肌がざらつくときは古い角質を穏やかに取り除き、保湿する
    b) ニキビができやすいときは美白化粧品を使用する
    c) たるみが気になるときはフェイスエクササイズを取り入れる

4. 美肌の維持について適切でないものをひとつ選びなさい。
    a) 日々のスキンケアだけで美肌は維持できる
    b) 抗酸化成分を多く含む食品を摂る
    c) 深く質のいい睡眠により成長ホルモンが分泌される

5. 美肌ケアの基本について適切なものをひとつ選びなさい。

a）肌に与えるものとしては、化粧水、乳液、クリーム、美容液がある

b）マッサージは血行を促進し、肌を沈静化する

c）一日の始まりにはクレンジング料を使用する

6. 適度な運動について適切でないものをひとつ選びなさい。

a）ウォーキングは全身の血行をよくして健康を維持する

b）ハードな運動は肌老化のスピードを遅らせる

c）美肌には日常的に抗酸化を意識した生活を送ることが重要である

7. 五大栄養素について適切なものをひとつ選びなさい。

a）五大栄養素は、炭水化物、脂質、タンパク質、ビタミン、ミネラルである

b）五大栄養素は、水分、脂質、タンパク質、ビタミン、ミネラルである

c）五大栄養素は、無機質、脂質、タンパク質、ビタミン、ミネラルである

8. 五大栄養素について適切なものをひとつ選びなさい。

a）炭水化物と脂質はエネルギーになる

b）タンパク質は体の調子を整える

c）ビタミンは骨や歯をつくる

9. 炭水化物について適切でないものをひとつ選びなさい。

a) 炭水化物は脳が働くためにも必要である

b) 炭水化物を摂りすぎるとイライラして疲れやすくなる

c) 炭水化物を摂りすぎると皮脂分泌が過剰になり、抵抗力が失われる

10. 脂質について適切でないものをひとつ選びなさい。

a) 脂質は体温を保ち、脳の働きを正常にして皮膚を守る

b) 脂質は不足すると体の水分や体温のバランスをくずす

c) 脂質を摂りすぎると皮脂分泌が少なくなる

11. タンパク質について適切でないものをひとつ選びなさい。

a) タンパク質は不足すると体力や免疫力が低下する

b) タンパク質の必須アミノ酸は体内で合成される

c) 動物性タンパク質と植物性タンパク質をバランスよく摂ることが必要

12. タンパク質について適切でないものをひとつ選びなさい。

a) アミノ酸は皮膚の脂分を保つ働きがある

b) アミノ酸は肌の天然保湿因子（NMF）の半分を占めている

c) 肉や魚には必須アミノ酸が多く含まれている

13. ビタミンとミネラルについて適切なものをひとつ選びなさい。

    a) 水溶性ビタミンは体内に蓄積されやすい

    b) ビタミンCやβ-カロテン、ビタミンB群は美容と健康に欠かせない

    c) ミネラルは体内で合成される

14. 酸化について適切でないものをひとつ選びなさい。

    a) りんごをむいてそのまま置くと茶色くなることを酸化という

    b) 食べたものをエネルギーに変えるときに水素が発生する

    c) 体の中では酸化が繰り返されている

15. 抗酸化について適切でないものをひとつ選びなさい。

    a) トマトはリコピンやビタミンA、Cが含まれ、抗酸化作用がある

    b) 色鮮やかな野菜、発酵食品、魚類、ナッツ類などには抗酸化作用がある

    c) 酸化を促進する働きを「抗酸化作用」という

16. 酸化・抗酸化について適切でないものをひとつ選びなさい。

    a) 揚げ物やスナック菓子、ファストフードなどは肌を酸化、老化させる

    b) カフェインは抗酸化作用を持つビタミンCを壊し、排泄するので摂りすぎない

    c) アスタキサンチンは天然の白い色素で、米やパン、大根などに含まれる

17. 酵素について適切でないものをひとつ選びなさい。

a) 酵素は体にダメージを与える活性酸素を除去するなど、肌に大切な働きをする

b) 野菜や果物の酵素は熱に強い

c) 冷え性の人は温野菜や味噌、納豆などの発酵食品を摂るとよい

18. 皮膚の構造と働きについて適切でないものをひとつ選びなさい。

a) 皮膚のうるおいは年齢や環境により変化することはない

b) きめが整った肌は、皮溝の深さや皮丘の高さ、毛孔の大きさがそろっている

c) 皮膚は表皮、真皮、皮下組織の3層から構成される

19. 皮膚の構造と働きについて適切でないものをひとつ選びなさい。

a) 皮膚には異物の侵入を防ぎ、体を守る働きがある

b) 毛孔からは汗が分泌され、汗孔からは皮脂が出る

c) 皮脂膜は皮膚のうるおいを保ってつやを与える

20. 皮膚の構造と働きについて適切でないものをひとつ選びなさい。

a) 皮膚のいちばん外側にある表皮は約2mmである

b) 皮膚のうるおいは皮脂、天然保湿因子、角質細胞間脂質で保たれている

c) 表皮のいちばん外側を角質層、いちばん下を基底層という

21. 皮膚の構造と働きについて適切でないものをひとつ選びなさい。

　　a）表皮は1層である

　　b）角質層の細胞は角質細胞間脂質によりつながっている

　　c）角質層の細胞は天然保湿因子と水分で満たされて、柔軟性を保っている

22. 美肌の条件について適切でないものをひとつ選びなさい。

　　a）うるおいがある

　　b）なめらかである

　　c）血色がない

23. 肌タイプについて適切なものをひとつ選びなさい。

　　a）ドライスキンは水分と皮脂が多い肌

　　b）ノーマルスキンは水分と皮脂が少ない肌

　　c）オイリースキンは皮脂が多く、化粧くずれしやすい肌

24. 肌タイプについて適切でないものをひとつ選びなさい。

　　a）肌タイプは年齢や気温、湿度、食事、生理周期により変化する

　　b）過剰に分泌された皮脂は酸化して肌のトラブルを招く

　　c）午前と午後で肌タイプは変わらない

25. 表皮と真皮の機能について適切なものをひとつ選びなさい。

   a) ターンオーバーは約4週間である

   b) 加齢によりターンオーバーは速まる

   c) 紫外線のダメージを受けるとターンオーバーは遅くなる

26. 表皮と真皮の機能について適切なものをひとつ選びなさい。

   a) 真皮は表皮の上にある

   b) 表皮を構成しているコラーゲンとはエラスチンのことである

   c) 真皮のコラーゲンとエラスチンのあいだにはヒアルロン酸がある

27. 表皮と真皮の機能について適切でないものをひとつ選びなさい

   a) コラーゲンやエラスチンは肌のはりや弾力を生む

   b) 加齢により線維芽細胞の働きは活発になる

   c) 紫外線は真皮に悪影響を及ぼす

28. 表皮と真皮の機能について適切なものをひとつ選びなさい。

   a) 線維芽細胞の機能が低下すると、コラーゲンやエラスチンの量が減る

   b) コラーゲンとは弾力線維のことである

   c) エラスチンとは膠原線維のことである

29. 加齢について適切なものをひとつ選びなさい。

a）若い人のしわは真皮性しわである

b）加齢によるしわは表皮性しわである

c）加齢によりくすみが目立ち、透明感が失われる

30. 加齢について適切でないものをひとつ選びなさい。

a）加齢により線維芽細胞の働きが低下する

b）加齢により肌色は赤みが増す

c）加齢によりコラーゲンやエラスチンは減少する

31. 加齢について適切でないものをひとつ選びなさい。

a）加齢により顔形は卵形が少なくなり、丸形と四角形が多くなる

b）たるみの予防にはフェイスエクササイズを継続する

c）たるみは皮膚を支えている脂肪が筋肉を支えきれないために起こる

32. 年代別のお手入れについて適切でないものをひとつ選びなさい。

a）10代は女性ホルモン（プロゲステロン）の分泌が増え、脂っぽくなる

b）10代は洗顔を徹底することで肌がうるおう

c）10代は化粧くずれが気になる

33. 年代別のお手入れについて適切でないものをひとつ選びなさい。

a）20代はもっとも肌が美しいときである

b）20代はスキンケアが不十分でも肌の不調はほとんどない

c）20代のスキンケアが将来の美肌の基盤となる

34. 年代別のお手入れについて適切でないものをひとつ選びなさい。

a）30代ははじめて肌の衰えを感じる

b）30代は肌の脂っぽい部分が多くなる

c）30代は保湿効果の高い化粧水を使用する

35. 年代別のお手入れについて適切でないものをひとつ選びなさい。

a）40代はホルモンのバランスに変化が起き、皮膚の衰えを感じる

b）40代はマッサージを取り入れるとよい

c）40代はお手入れしている人としていない人の差がない

36. 年代別のお手入れについて適切でないものをひとつ選びなさい。

a）更年期を過ぎると体調がよくなるが、肌は安定しない

b）50代は更年期にかかり、ホルモンバランスが乱れて肌の調子が悪い

c）50代は体の不調とともに肌も不安定で敏感になりやすい

37. 男性の肌のお手入れについて適切でないものをひとつ選びなさい。

　　a）ひげ剃り後は皮膚のバリア機能が弱まる

　　b）電気カミソリを使用する場合は炎症などを防ぐ化粧品を使用する

　　c）ひげ剃り後に炎症が続くときには乳液をつける

38. 若返りホルモンについて適切でないものをひとつ選びなさい。

　　a）ホルモンはフランス語に由来している

　　b）成長ホルモンは若返りホルモンともいわれ、加齢とともに減少する

　　c）成長ホルモンは深い眠りのときに多く分泌され、細胞の再生修復をする

39. 若返りホルモンについて適切なものをひとつ選びなさい。

　　a）ホルモンはリンパ液により運ばれる

　　b）成長ホルモンの分泌は入眠の時間に関係がある

　　c）睡眠不足や生活習慣の乱れは成長ホルモンの分泌を減少させる

40. 幸せホルモンと睡眠ホルモンについて適切でないものをひとつ選びなさい。

　　a）体温は朝の起床とともに低下する

　　b）人間がもっている体内時計を「サーカディアンリズム」という

　　c）「サーカディアンリズム」は朝日を浴びることでリセットできる

41. 幸せホルモンと睡眠ホルモンについて適切でないものをひとつ選びなさい。

    a)「サーカディアンリズム」は12時間周期である

    b) 幸せホルモン「セロトニン」は、心の安定にかかわっている

    c) 夜間は睡眠ホルモン「メラトニン」が増加し、体温や脈拍、血圧を低下させる

42. 女性ホルモンについて適切でないものをひとつ選びなさい。

    a) 女性の1ヵ月の生理サイクルは美肌に大きな影響がある

    b) 不規則な生活やダイエットは女性ホルモンのバランスをくずす

    c) 女性ホルモンの分泌は小脳にかかわっている

43. 女性ホルモンについて適切でないものをひとつ選びなさい。

    a) エストロゲンは卵胞ホルモンのことである

    b) エストロゲンは排卵期から月経前に分泌される

    c) エストロゲンは真皮のコラーゲンやヒアルロン酸の産生を促す

44. 女性ホルモンについて適切でないものをひとつ選びなさい。

    a) 卵巣の働きは30代半ばから低下する

    b) 閉経期のエストロゲンの減少を補うのに、運動は効果がない

    c)「大豆イソフラボン」は女性ホルモンと同様の働きをする

45. 女性ホルモンについて適切でないものをひとつ選びなさい。
　　a）プロゲステロンは排卵後から生理前にかけて分泌される
　　b）プロゲステロンは皮脂分泌を活発にする
　　c）プロゲステロンは食欲を減らす

46. 生理周期に合わせたお手入れについて適切なものをひとつ選びなさい。
　　a）月経期から排卵期まで肌は不安定で調子が整わない
　　b）PMS（月経前症候群）のときには、ニキビや吹き出物ができやすい
　　c）化粧品を替えるときは生理前がよい

47. 生理周期に合わせたお手入れについて適切でないものをひとつ選びなさい。
　　a）黄体期は体温が高くなり、心身にさまざまな不調を起こす
　　b）PMS（月経前症候群）が強いほどポジティブな感情が強くなる
　　c）黄体期はシミができやすいので、日焼け予防が大切である

48. 質のいい睡眠のとり方について適切でないものをひとつ選びなさい。
　　a）就寝時には体温が高くなるようにする
　　b）手が温かくなるのは体が休息に入るサインである
　　c）睡眠時間は年齢とともに少しずつ短くなる

49. 体調不良について適切でないものをひとつ選びなさい。

a) 年齢に関係なく、健康を維持することは美肌の基本である

b) 内臓の働きがスムーズに行われないと血液循環が悪くなる

c) 便秘は老廃物が腸内で分解されて有害物質に変わり、皮膚がたるむ

50. 体調不良について適切でないものをひとつ選びなさい。

a) ストレスは自律神経系やホルモンのバランスをくずす

b) ストレスは女性ホルモンの分泌を増加させ、皮脂腺の働きを促進する

c) 冷えは血行不良から栄養が肌に行き渡らない

51. 紫外線について適切でないものをひとつ選びなさい。

a) 紫外線はコラーゲンやエラスチンの断裂や変性を引き起こす

b) 日焼けはヒアルロン酸の働きを低下させ、肌を乾燥させる

c) UV-A と UV-B の紫外線によるダメージを自然老化という

52. 紫外線について適切でないものをひとつ選びなさい。

a) UV-A は波長が短く、雲や霧、窓ガラスなどを通過しない

b) UV-A は肌の深部の真皮に悪影響を及ぼす

c) UV-A は気づかないうちに肌老化を進める

53. 紫外線について適切なものをひとつ選びなさい。

　　a）UV-B は冬にピークになる紫外線である

　　b）UV-B は炎症をともなわない

　　c）UV-B は波長が短く、エネルギーが強い

54. 紫外線について適切でないものをひとつ選びなさい。

　　a）紫外線を浴びると黒化し、皮脂量が減少し乾燥する

　　b）紫外線はアスファルトやビル壁などからの照り返しでも浴びる

　　c）紫外線を浴びるとしわが深くなる

55. 紫外線について適切でないものをひとつ選びなさい。

　　a）UVカット化粧品はこまめに汗をふいてつけ足す

　　b）皮膚は紫外線をたくさん浴びると活性酸素は減る

　　c）皮膚の活性酸素が増えすぎると細胞が酸化し、肌が老化する

56. 紫外線について適切でないものをひとつ選びなさい。

　　a）皮膚の活性酸素が増えると脂質が酸化し、シミができる

　　b）コラーゲンやエラスチンが酸化すると変性して弾力が失われる

　　c）目は紫外線からのダメージを受けない

57. ストレスについて適切でないものをひとつ選びなさい。

a）人間関係のストレスはホルモンバランスをくずす

b）ストレスがあると体内のビタミンDがたくさん使われる

c）ストレスは血行不良を起こし、活性酸素を大量に発生させる

58. ストレスについて適切でないものをひとつ選びなさい。

a）自律神経系には交感神経と副交感神経がある

b）ストレスが続くと肌トラブルが起こる

c）ストレスがあると副交感神経が反応し、リラックスする

59. ストレスについて適切でないものをひとつ選びなさい。

a）自律神経系と内分泌系、免疫系のしくみはつながっている

b）リラックスしていると交感神経が優位となる

c）ゆっくりした呼吸をすることや笑うことで、心身が安定する

60. 活性酸素について適切でないものをひとつ選びなさい。

a）タバコを吸うと細胞を守るために活性酸素が大量に発生する

b）多量の飲酒は活性酸素を発生させ、肝臓に負担をかけて美肌によくない

c）ハードな運動は全身の酸化を促し、体の細胞の修復を助ける

61. 女性ホルモンの低下について適切でないものをひとつ選びなさい。

a) 女性ホルモンの低下は美肌には関係がない

b) 更年期にはほてりやのぼせ、不眠、めまいや動悸、肩こりなどの症状が多い

c) 更年期には自律神経系が乱れることがある

62. 女性ホルモン分泌の変化について適切でないものをひとつ選びなさい。

a) 思春期は生理不順が起こりやすい

b) ４５歳を過ぎると女性ホルモンの分泌量が減少する

c) 更年期には生理周期が乱れ始める

63. 温度と湿度の変化について適切でないものをひとつ選びなさい。

a) 肌は健やかな美肌を維持する力をもたない

b) 気温や湿度の変化により、皮脂と汗の分泌量が変わる

c) 美肌ケアの基本は肌を乾燥させないことである

64. 春のお手入れについて適切でないものをひとつ選びなさい。

a) 冬に保湿機能や角質バリア機能が低下しているので、紫外線でダメージを受けやすい

b) 皮脂分泌が多くなり、肌がべたつき、ニキビができるなど、不安定になる

c) 肌が弱い人はUVカット化粧品を使用しないほうがよい

65. 夏のお手入れについて適切でないものをひとつ選びなさい。

a）紫外線を浴びる量と汗の量が増え、冷房の効いたところで過ごすことで肌は安定する

b）汗はやわらかいハンカチでこすらず押さえる

c）朝は収れん化粧水で脂浮きを抑え、夜は化粧水で保湿する

66. 秋のお手入れについて適切なものをひとつ選びなさい。

a）秋の肌はターンオーバーが規則正しい

b）初秋にきちんとお手入れをすることで、安定した肌を維持できる

c）秋は肌が安定している

67. 冬のお手入れについて適切でないものをひとつ選びなさい。

a）冬は気温が下がって空気が乾燥し、肌の水分が失われる

b）冬の肌は血液循環がよくなり、ホメオスタシスを保つ

c）水分と油分のバランスを考えた保湿ケアをする

68. 肌の変化について適切でないものをひとつ選びなさい。

a）季節による肌の変動には個人差がある

b）季節や生活環境の変化による肌の不調は、どんな肌タイプにも起こる

c）年齢を重ねるとコンビネーションスキン（混合肌）が多くなる

69. 肌の変化について適切でないものをひとつ選びなさい。

　　a）肌の変化に気づいたときには、日頃のお手入れを見直す

　　b）肌は乾燥が進むと敏感になる

　　c）肌の乾燥を防ぐには、部屋の湿度は20～40％に保つとよい

70. クレンジングと洗顔について適切でないものをひとつ選びなさい。

　　a）メイクアップ化粧品は長時間、肌の上にあることで皮脂と混ざり、汚れとなる

　　b）メイクアップ化粧品を落とさずに寝るとニキビや肌荒れの原因となる

　　c）メイクアップ化粧品は水やお湯でも落とせる

71. クレンジングと洗顔について適切でないものをひとつ選びなさい。

　　a）クレンジング料の中でミルクタイプがメイクアップを落とす力がいちばん強い

　　b）クレンジング料の中でローションタイプは軽いメイクアップに適している

　　c）ふき取りシートタイプは手軽に使用できるが、摩擦による刺激に注意する

72. クレンジングと洗顔について適切でないものをひとつ選びなさい。

a) 目のまわりは専用のポイントクレンジング料を使用すると色素沈着の予防になる

b) 洗顔料は残ったメイクアップの汚れや毛穴の汚れなどを落とす

c) ダブル洗顔は年齢や季節など関係なく続けることがよい

73. 美肌を育む与えるケアについて適切でないものをひとつ選びなさい。

a) 化粧水は油分を肌に与える

b) 化粧水はきめを整える働きがある

c) 収れんタイプの化粧水は皮脂や汗の分泌を調整する

74. 美肌を育む与えるケアについて適切でないものをひとつ選びなさい。

a) 乳液とクリームは肌のモイスチャーバランスを整え、柔軟性を促す

b) 乳液は化粧水とクリームの中間的な性質である

c) 乳液とクリームは水分・油分・収れん成分を与える

75. 美肌を育む与えるケアについて適切でないものをひとつ選びなさい。

a) 美容液は保湿成分や美白成分などの美容成分が濃縮配合されている

b) 美容液は化粧水の後に使う

c) 集中的・即効的にケアをするのがシートマスクである

76. 化粧品の基本について適切でないものをひとつ選びなさい。

a）購入するときは配合成分や取り扱い方、注意事項などを確認する

b）使用する種類や使用方法、使用量などはつねに一定にする

c）直射日光が当たらない湿度の低い暗所に保管する

77. 化粧品の基本について適切でないものをひとつ選びなさい。

a）化粧品の使用期限は何も記載のない場合は約3年である

b）メイクアップで使用するスポンジには雑菌が繁殖していることがある

c）使用して赤みや発疹、かゆみが出た場合にはすぐに化粧水をつける

78. 化粧品の基本について適切でないものをひとつ選びなさい。

a）スキンケア化粧品の最大の役割は肌のうるおいを保つことである

b）夏の車内などの高温の場所に置いても変質はしない

c）目的とするスキンケア効果に加え、感触や使用性が合うことも大切である

79. スキンケア化粧品の原料について適切なものをひとつ選びなさい。

a）油性原料は皮膚をしっとりさせ、水分の蒸発を抑えて水分量を保つ

b）油性原料には精製水やエタノールがある

c）シアバターやヤシ油は動物油である

80. スキンケア化粧品の原料について適切でないものをひとつ選びなさい。

a) 界面活性剤は肌に残らないようにすすぐ

b) グリセリンは保湿剤でポピュラーな動物油である

c) 保湿剤には真皮にも存在するヒアルロン酸ナトリウムがある

81. スキンケア化粧品の原料について適切でないものをひとつ選びなさい。

a) 細菌やカビが増殖するのを防ぐ目的で、殺菌剤が配合されている

b) 防腐剤にはパラベンや安息香酸、ヒノキチオールなどがある

c) ニキビ化粧品やフケ予防などには殺菌剤が配合されている

82. スキンケア化粧品の原料について適切でないものをひとつ選びなさい。

a) 薬用化粧品にはホルモン類やビタミン類などの特殊成分が配合されている

b) 美白化粧品に配合されているコウジ酸は、メラニンの生成を抑える

c) 美白成分にはプロピレングリコールやソルビトールなどがある

83. UVカット化粧品について適切なものをひとつ選びなさい。

a）UVカット化粧品には紫外線を取り込む吸収剤と散乱・反射させる散乱剤がある

b）UV-Bを防ぐ時間はPA値（＋）である

c）UV-Aをどのくらい防ぐかの目安がSPF値（数字）である

84. 化粧品について適切でないものをひとつ選びなさい。

a）無添加化粧品とは防腐剤や石油系界面活性剤などを含まない化粧品である

b）オーガニック化粧品は有機素材が使用されている

c）植物性成分はアレルギーを起こさない

85. 敏感肌とアレルギー肌について適切でないものをひとつ選びなさい。

a）敏感肌は角質層が厚くなってターンオーバーが弱まっている

b）アレルギー肌は特定の物質が刺激になり、赤みやかゆみが出る

c）敏感肌は角質層を育むケアをすることで回復が期待できる

86. 薬機法について適切でないものをひとつ選びなさい。

a）化粧品は皮膚もしくは毛髪を健やかに保ち、肌に穏やかな作用であること

b）医薬品は薬剤師の処方により用いられ、病気の治療や予防に使用する

c）化粧品は薬機法において規制されている

87. **薬機法**について適切でないものをひとつ選びなさい。

    a) 医薬部外品は医師の処方は必要がない

    b) 化粧品は成分をすべて表示することが義務づけられている

    c) 海外で直接購入した化粧品も薬機法に基づいて製造されている

88. **フェイシャルマッサージ**について適切なものをひとつ選びなさい。

    a) フェイシャルマッサージをするときには指先を使う

    b) 速いリズムで上から下へ行う

    c) 中心からから外へ、意識して行う

89. **フェイシャルマッサージの効果**について適切でないものをひとつ選びなさい。

    a) くすんだ肌に透明感や血色感が生まれる

    b) 速いタッチで強く触れることでストレスを解消する

    c) 使用するクリームやオイルなどの保湿効果で肌がうるおう

90. **表情筋**について適切でないものをひとつ選びなさい。

    a) 表情筋は直接皮膚についているので細かな表情をつくる

    b) 表情のくせは加齢とともにしわとなり、深く刻まれる

    c) 加齢によるたるみは脂肪の衰えにより起こる

91. 表情筋について適切でないものをひとつ選びなさい。

　　a）表情筋には額や目を中心とした筋肉がある

　　b）表情筋には頬を中心とした筋肉がある

　　c）表情筋には首を中心とした筋肉がある

92. フェイシャルマッサージについて適切なものをひとつ選びなさい。

　　a）フェイシャルマッサージにはクレンジングを使用する

　　b）マッサージに慣れていない人の場合、力が入りにくい

　　c）物理的刺激に弱い人は流せるタイプの化粧品を使用する

93. フェイシャルマッサージについて適切なものをひとつ選びなさい。

　　a）指先だけで力を入れて行う

　　b）ぐりぐりと引き上げるように行う

　　c）力を入れずにやさしくさするように行う

94. ボディマッサージについて適切でないものをひとつ選びなさい。

　　a）美肌維持には体の循環を高めることがよい

　　b）マッサージ前にはお風呂に入って体を温める

　　c）体の中心から手や足の末端に向かい行う

95. ボディマッサージについて適切でないものをひとつ選びなさい。

a) ボディマッサージはリンパの流れを意識する

b) リンパの流れは筋肉の動きに影響を受けない

c) ウォーキングやストレッチを取り入れるとよい

96. ボディ乾燥対策について適切でないものをひとつ選びなさい。

a) 体も顔と同様に季節や過ごす環境の影響を受けて乾燥する

b) 乾燥が気になるときには保湿効果のある入浴剤を使う

c) 体はボディブラシをつねに使用して洗浄し、清潔にする

97. ボディの乾燥対策について適切なものをひとつ選びなさい。

a) 下着に使われている染料や防腐剤で肌トラブルを起こすことがある

b) 下着の生地は皮膚に影響しない

c) 吸水タオルや保温効果の高い下着は皮膚の水分を守る

98. ハンド&ネイルについて適切でないものをひとつ選びなさい。

a) 手は年齢があらわれやすい部分である

b) 手と爪は皮脂量が多い

c) 手のしなやかさ、指先の美しさは女性らしさをアップする

99. **ハンド&ネイルについて適切でないものをひとつ選びなさい。**

a）二枚爪はネイルケアでは対応できない

b）手のマッサージにはハンドクリームを使用する

c）ハンドマッサージは入浴後が効果的である

100. **ネイルケアについて適切でないものをひとつ選びなさい。**

a）爪の形と長さを整えるときにはエメリーボードを使うと二枚爪にならない

b）エメリーボードは爪に対して90度で一方向に動かす

c）爪の表面はネイルポリッシャーを使うとネイルカラーが美しく仕上がる

美肌検定® 解答用紙 コピーして何度もチャレンジ！

1. （　　）	26. （　　）	51. （　　）	76. （　　）
2. （　　）	27. （　　）	52. （　　）	77. （　　）
3. （　　）	28. （　　）	53. （　　）	78. （　　）
4. （　　）	29. （　　）	54. （　　）	79. （　　）
5. （　　）	30. （　　）	55. （　　）	80. （　　）
6. （　　）	31. （　　）	56. （　　）	81. （　　）
7. （　　）	32. （　　）	57. （　　）	82. （　　）
8. （　　）	33. （　　）	58. （　　）	83. （　　）
9. （　　）	34. （　　）	59. （　　）	84. （　　）
10. （　　）	35. （　　）	60. （　　）	85. （　　）
11. （　　）	36. （　　）	61. （　　）	86. （　　）
12. （　　）	37. （　　）	62. （　　）	87. （　　）
13. （　　）	38. （　　）	63. （　　）	88. （　　）
14. （　　）	39. （　　）	64. （　　）	89. （　　）
15. （　　）	40. （　　）	65. （　　）	90. （　　）
16. （　　）	41. （　　）	66. （　　）	91. （　　）
17. （　　）	42. （　　）	67. （　　）	92. （　　）
18. （　　）	43. （　　）	68. （　　）	93. （　　）
19. （　　）	44. （　　）	69. （　　）	94. （　　）
20. （　　）	45. （　　）	70. （　　）	95. （　　）
21. （　　）	46. （　　）	71. （　　）	96. （　　）
22. （　　）	47. （　　）	72. （　　）	97. （　　）
23. （　　）	48. （　　）	73. （　　）	98. （　　）
24. （　　）	49. （　　）	74. （　　）	99. （　　）
25. （　　）	50. （　　）	75. （　　）	100. （　　）

美肌検定® 解答

1.	b	26.	c	51.	c	76.	b
2.	a	27.	b	52.	a	77.	c
3.	b	28.	a	53.	c	78.	b
4.	a	29.	c	54.	a	79.	a
5.	a	30.	b	55.	b	80.	b
6.	b	31.	c	56.	c	81.	a
7.	a	32.	b	57.	b	82.	c
8.	a	33.	b	58.	c	83.	a
9.	b	34.	b	59.	b	84.	c
10.	c	35.	c	60.	c	85.	a
11.	b	36.	a	61.	a	86.	b
12.	a	37.	c	62.	b	87.	c
13.	b	38.	a	63.	a	88.	c
14.	b	39.	c	64.	c	89.	b
15.	c	40.	a	65.	a	90.	c
16.	c	41.	a	66.	b	91.	c
17.	b	42.	c	67.	b	92.	c
18.	a	43.	b	68.	c	93.	c
19.	b	44.	b	69.	c	94.	c
20.	a	45.	c	70.	c	95.	b
21.	a	46.	b	71.	a	96.	c
22.	c	47.	b	72.	c	97.	a
23.	c	48.	a	73.	a	98.	b
24.	c	49.	c	74.	c	99.	a
25.	a	50.	b	75.	b	100.	b

索引

あ行

アトピー	74
アミノ酸	20,73
アレルギー	75
医薬品	76
医薬部外品	77
美しい肌	56
エストロゲン（卵胞ホルモン）	42,54,55
エラスチン（弾力線維）	30,31
オイリースキン（脂性肌）	28,29
大人ニキビ	52

か行

界面活性剤	68,69,74
角質細胞間脂質	27
角質層	26,27,30,31,74,81
活性酸素	22,49,51,52,53
加齢	32,33,81
汗孔	26
基底層	26,27,31
きめ	26,65
くすみ	32,37,58
くま	11
クレンジング	62,63
化粧品	66,67,74,75,76,77
月経前症候群（PMS）	44,45
交感神経	52
コウジ酸	73
酵素	24
更年期	37,54
香料	73
五大栄養素	18
コラーゲン（膠原線維）	20,30,31
コンビネーションスキン（混合肌）	28,29

さ行

サーカディアンリズム	41
酸化	13,17,22,23,51
酸化防止剤	73
紫外線	49,50,51,70,72
紫外線吸収剤	70
紫外線散乱剤	70
色素沈着	62,73
脂質	18,19
湿度	56,59
シミ	45,48,51
脂溶性ビタミン	20
植物性タンパク質	20
食物繊維	21,24
女性ホルモン	42,43,44,45,54,55
自律神経系	52,54
しわ	32,50,51,81

真皮	26,27,30,31,32,49
水性原料	68
睡眠	13,40,41,45,46
水溶性ビタミン	20
ストレス	42,48,51,52
成長ホルモン	13,40
セロトニン（幸せホルモン）	41,53
線維芽細胞	30,32
洗顔料	64,69
ソバカス	48,50

た行

ターンオーバー	13,17,30
たるみ	33,50,81
炭水化物	18,19,21
男性ホルモン	48,52
タンパク質	18,19,20
天然保湿因子（NMF）	20,27,69
動物性タンパク質	20
ドライスキン（乾性肌）	28,29

な行

ニキビ	34,43,45,48,53
ノーマルスキン（普通肌）	28,29

は行

パウダリィファンデーション	29,72
肌荒れ	19,30,40,48,53
パック	16
パッチテスト	57
バリア機能	50,57,74
ヒアルロン酸	30,31,32
冷え	48
皮下組織	26,27
光老化	49,50,70
皮丘	26
皮溝	26
皮脂	26,27,28,29,43,69
皮脂腺	26,27,43
皮脂膜	26,69,74
ビタミン	18,19,20,21,22,23,73
ビタミンA	22
ビタミンB群	20,53
ビタミンC	20,21,22,23,52
ビタミンC誘導体	73
必須アミノ酸	20
美白成分	65,73
日焼け	49,50
表情じわ	32
表皮	26,27,30,31
疲労物質	48
ファンデーション	58
フェイシャルマッサージ	80,82,83,84

フェイスエクササイズ	33
副交感神経	52
プロゲステロン（黄体ホルモン）	43
β‐カロテン	20
防腐剤	70,74
ほうれい線	32
ボディマッサージ	86,87,88
ホメオスタシス	52,56

ま行

マスク	65
ミネラル（無機質）	18,21
メラトニン（睡眠ホルモン）	41
メラニン	48,73
免疫系	52
毛孔	26
毛細血管	33

や行

薬用化粧品	73,77
薬機法（旧薬事法）	76
有酸素運動	53
UVカット化粧品	51,70,72
UV-A	49,50,70,71
UV-B	49,50,70,71

ら行

リンパ	13,86

美肌検定® について

「美しい肌を手に入れるための 33 のレッスン」は、いかがでしたでしょうか？

すべてのレッスンは、皆さんのお肌を美しくするために、きっと役に立ってくれるはずです。

本書を読んで美肌の知識をマスターしたら、ぜひ『美肌検定®』でご自身の知識を確かめてみてください。『美肌検定®』に合格すると、あなたも「AJESTHE 美肌エキスパート®」として認められます。

『美肌検定®』に関する詳細はこちらから

https://ajesthe.jp

『美肌検定®』お問合せ先

一般社団法人 日本エステティック協会（AJESTHE 〜アジェステ〜)

〒102-0082　東京都千代田区一番町 25 番地　JCII ビル 3F
ＴＥＬ：０３−３２３４−８４９６
E-mail：info@ajesthe.jp

著者

一般社団法人 日本エステティック協会

1972年に設立。日本における健全なエステティックの普及と発展をめざし、エステティシャンの養成、認定エステティシャンの資格認定、登録サロン制度などを実施。ストレス社会や高齢化が進み、エステティックに癒しを求める人々が増えている中で、「美と健康」を提供し、幸福に貢献する活動を行っている。

監修

関東裕美
かんとう・ひろみ

東邦大学付属大森病院皮膚科臨床教授。医学博士。1980年東邦大学医学部卒業後、同大学付属大森病院皮膚科学教室入局。86年東京共済病院、88年東邦大学大森病院皮膚科、90年日産厚生会玉川病院皮膚科部長、2000年シンシナティ大学（米）留学、12年より現職。東邦大学医療センター接触皮膚炎外来において、年間200例以上の接触皮膚炎の診療を行う。なかでも化粧品による皮膚炎の診療数は関東随一で、幅広い世代の女性に厚い信頼を寄せられている。化粧品は皮膚を守るものをモットーとし、肌荒れをしていてもメイクをやめない、乾燥を防ぐスキンケアを推奨している。

美肌検定®の教科書
美しい肌を手に入れるための33のレッスン

2016年 6月30日　第1刷発行
2025年 1月28日　第10刷発行

著者　一般社団法人 日本エステティック協会
発行者　片桐隆雄
発行所　株式会社マガジンハウス
　　　　〒104-8003
　　　　東京都中央区銀座3-13-10
　　　　受注センター ☎049-275-1811
　　　　マガジンハウス クリエイティブスタジオ
　　　　☎03-3545-7115

デザイン　野本奈保子（ノモグラム）
イラスト　深川 優
構成　　　後藤由美子
ヘア&メイクアップ　進藤郁子
協力　　　有限会社エイエム企画
　　　　　NSコーポレーション株式会社
編集　　　石塚覚子

印刷・製本所　TOPPANクロレ株式会社

©2016 AJESTHE, Printed in Japan
ISBN978-4-8387-2864-0 C2077

乱丁本・落丁本は購入書店明記のうえ、小社製作管理部にお送りください。
送料小社負担にてお取り替え致します。ただし、古書店等で購入されたものについてはお取り替えできません。定価は裏表紙と帯、スリップに表示してあります。本書の無断複製（コピー、スキャン、デジタル化等）は禁じられています（ただし、著作権法上での例外は除く）。断りなくスキャンやデジタル化することは著作権法違反に問われる可能性があります。

マガジンハウスのホームページ　https://magazineworld.jp/